图说

拜伦

理想主义的勇士

BAILUN LIXIANG ZHUYI DE YONGSHI

主编 吴定初 黄萍

巴蜀书社

图书在版编目(CIP)数据

拜伦——理想主义的勇士/吴定初　黄萍主编．
—成都:巴蜀书社,2012
(图说中外名人)
ISBN 978-7-5531-0106-4

Ⅰ.①拜…　Ⅱ.①吴…　Ⅲ.①拜伦,G.G.(1788～1824)—生平事迹—青年读物②拜伦,G.G.(1788～1824)—生平事迹—少年读物　Ⅳ.①K835.615.6-49

中国版本图书馆CIP数据核字(2012)第184214号

拜伦——理想主义的勇士　　吴定初　黄萍主编

特约编辑	孙　娜
责任编辑	施　维
封面设计	张　科
出　　版	巴蜀书社 成都市槐树街2号　邮编 610031 总编室电话:(028)86259397
网　　址	www.bsbook.com
发　　行	巴蜀书社 发行科电话:(028)86259422　86259423
经　　销	新华书店
内文排版	泽雨文化
印　　刷	四川省南方印务有限公司
版　　次	2012年9月第1版
印　　次	2012年9月第1次印刷 2014年2月第2次印刷
成品尺寸	165mm×225mm
印　　张	10
字　　数	200千
书　　号	ISBN 978-7-5531-0106-4
定　　价	19.00元

前言 qianyan

乔治·戈登·拜伦(George Gordon Byron,1788—1824)于1788年1月22日出生在英国一个破落的贵族家庭。拜伦生于伦敦,长于苏格兰,十岁时承袭了男爵的称号。

拜伦从学生时代开始写诗。在剑桥大学就读期间,他便发表了诗集《闲暇的时刻》(1807)。面对某些评论的围攻,他以长诗《英国诗人和苏格兰评论家》(1809)作为反击。这首长诗讽刺了文坛的权威,批评了湖畔派诗人,同时强调了文学的社会内容和诗人的社会责任,在文坛上产生了很大的影响。成年后,适逢欧洲各国民主民族革命兴起的时代,他反对专制压迫,支持人民革命。二十岁时,出国游历,先后去了许多国家。1811年回到英国。这次旅行使他大开眼界,他看到西班牙人民抗击拿破仑侵略军的壮烈景象和希腊人民在土耳其奴役下的痛苦生活。

拜伦在欧洲游历期间,最重要的成果是完成了长诗《恰尔德·哈洛王孙游记》第一、二章(第三、四章分别完成于1816年和1818年)。第一章1809年在阿尔巴尼亚开始写作,第二章于次年3月在伊斯密尔完成。长诗在1812年3月出版后,轰动文坛,风靡全国。《恰尔德·哈洛王孙游记》是拜伦早期创作的代表作,作者通过恰尔德和抒情主人公的形象,记述了自己游历和旅居欧洲诸国后的见闻和观感。在前两章中,拜伦描绘了拿破仑战争时期的葡萄牙、西班牙、意大利、希腊和阿尔巴尼亚的社会风貌,谴责专制统治,支持各国人民争取自由独立的斗争。后两章则歌颂欧洲山河的壮丽,缅怀历史上的伟大人物,赞美欧洲的艺术。长诗内容丰富,以强烈的浪漫主义抒情见长。

此后,拜伦又写了《异教徒》《阿比托斯的新娘》和《海盗》(1814)等六部长篇叙事诗,总称为"东方叙事诗"。作品以东欧、西亚一带为背景,充满异国浪漫情调。诗歌中还塑造了一系列高标独举、孤行傲世、富有叛逆精神的主人公形象。

他们是海盗、异教徒、造反者、无家可归者等，都具有出众的才干、坚强的意志、反叛的精神，敢于蔑视传统秩序和专制暴政，但是他们的反抗总是和孤独、忧郁结合在一起，乃至傲世独立、离群索居，并以悲剧而告终，最典型的形象是《海盗》中的康拉德，这一类形象被称作“拜伦式英雄”。

1816 年夏天，拜伦的妻子提出分居的要求，上流社会借此毁谤和攻击，拜伦愤然离开英国，从此再也没有回到祖国。先是移居瑞士，这一时期写的诗剧《曼弗雷德》(1817)，真实地反映了诗人内心中的苦闷。长诗《锡隆的囚徒》叙述的是 16 世纪为捍卫瑞士独立而被囚禁在锡隆堡达六年之久的共和主义者和自由思想家博尼瓦尔。和“拜伦式英雄”不同，博尼瓦尔反对专制暴政，和人民共命运，得到人民的支持和拥护。诗歌赞扬了英雄坚贞不屈的精神，抨击了专制暴政的残酷。

拜伦一生为民主、自由、民族解放的理想而斗争，而且致力于文学创作。他的作品具有重大的历史进步意义和极高的艺术价值。他未完成的长篇诗体小说《唐璜》，是一部气势宏伟、意境开阔、见解高超、艺术卓越的叙事长诗，在英国以至世界文学史上都是罕见的。

1823 年初，希腊抗击土耳其斗争高涨，拜伦放下正在写作的《唐璜》，毅然前往希腊，参加希腊志士争取自由、独立的武装斗争。1824 年 4 月 19 日拜伦死于希腊军中。

目　录

contents

初露锋芒

文学界新贵

为情所累

站在文学的巅峰

荣誉之重

初露锋芒

我虽只是半个苏格兰人，但却流着整个苏格兰人的血液。

——拜　伦

贵族家世

乔治·戈登·拜伦六世的父母来自英国最富有浪漫色彩的贵族家庭。虽然，他跟别人提起过他的母亲是苏格兰王詹姆斯一世的后裔，但是，观其一斑，似乎他的父系祖先对他更具影响力。

在“征服者威廉”时代，拜伦家族可能是英国北方的大地主，不过，知名度不高；一直到祖先当中有一位叫约翰·拜伦的男爵，从亨利八世那里领受到一块风景优美、位于诺亭汉什尔、叫做纽斯德修道院的土地后，其声望才与日俱增。

约翰·拜伦的儿子，即人称“大胡子”的小约翰男爵，在1575年受女王伊丽莎白的册封而继承其父的爵位，他以供养大批闲人、挥霍无度而成为传奇性的人物。

拜伦家族的贵族纹章

拜伦的祖先中还有一位，也很出名。他因替查理一世作战而几乎失去纽斯德的家园。曾有人传说，他的妻子是查理二世的第十七号情妇，他因而“夫以妻贵”！

此外，拜伦的祖父和祖父的哥哥——威康·拜伦五世也很有名。这位威康·拜伦五世曾花了一大笔钱，在纽斯德盖了一座小城堡和两个小堡垒，专供他荒淫度日和玩战争游戏之用。

1765年，威廉·拜伦因为酒后与人争论玩游戏的方法而把自己的亲人杀死，从此有了“邪恶的拜伦男爵”之称。事后他虽然被贵族法庭宣判无罪开释，可是儿子却恰好在此时与一个家境贫寒的侄女私奔，于是，他在盛怒之下，把领地内所有的古老橡树砍伐一空，又杀死了森林里养的两千七百多只鹿，拿到市场去拍卖。

比起这位“邪恶的拜伦男爵”来，诗人拜伦的祖父要平易近人得多了。他从1740年十七岁时就开始当海军见习生，到1778年升至海军副总司令。他在海上经常遭遇暴风雨的袭击，因此大家都叫他“坏天气杰克”。当然，这样的人也免不了有许多关于他的传言。但是在1786年他离开这个世界以前，他的长子约翰（人称“疯狂杰克”）就已经在和妇女谈情说爱、制造丑闻以及任意挥霍等方面“青出于蓝”了！这位老将军几乎被气死，最后不得不把儿子的继承权取消。

这位约翰·拜伦即诗人拜伦的父亲，他先是在西敏学校读书，后来又到法国的陆军学校去求学。大概因为在法国学到了一口标准的法语，他能和当地的高级人士一起消遣，因而养成了浪费的习性，年纪轻轻就已经声名狼藉。他只在侍卫队服役了一段时间，就于1778年返回伦敦，去当他的花花大少了。同年，他和一位美丽而且拥有一份可观遗产的侯爵夫人私奔到法国，这样一来，这位年轻人不但避免了流言的扩散，也躲开了穷追不舍的债主！

侯爵夫人一共替他生了三个孩子，但却只养活了一个女孩——奥古斯塔（诗人拜伦的同父异母的姐姐，生于1783年）。说也奇怪，风流倜傥的约翰，居然很忠实地和这位侯爵夫人在巴黎共同生活了六年，直到1784年她逝世为止。

第二年春天，当他再度债台高筑时，他又精神抖擞地回到英国去碰运气了。

他屡次参加苏格兰、巴斯地区的舞会，总期望能碰到一位像侯爵夫人那样拥有丰厚资产的贵族名媛。最后，他终于找到了一位双十年华、相貌平庸、但却拥有23000英镑家财的凯塞琳·戈登小姐。

位于舍伍德森林边缘的纽斯德修道院曾是拜伦家族住过的公馆，著名诗人拜伦就出生在这里。

他的高雅谈吐和法式礼貌，很快赢得了这位少女的芳心。1785 年 5 月 13 日，他娶了这位女财产继承人。

夏天还未过去，这位痴情的少女已经被他那挥金如土的习性吓坏了，然而，她仍旧倾其所有地供他花用。不到一年，戈登小姐的全部家财就被他耗费净尽，于是，约翰又不得不折返老家想办法。而戈登小姐为了舒解丈夫之围，只好出面恳求她的亲戚替她出售那仅有的家园。不过，所得的 17850 英镑，半数以上又都用在替她丈夫偿还紧急债务上了。

1787 年，约翰为了躲避债主，再度潜逃到法国。当时，身怀六甲的戈登小姐，当然也紧跟着到了法国。这时的约翰已囊空如洗，自然乐意从她那里拿一点钱来花用；况且，他还可以把和侯爵夫人所生的女儿奥古斯塔交给她代管呢！

可怜的戈登小姐，不仅一句法语也不会说，还怀着身孕，可是她仍然对她的丈夫一往情深。她一直待到快要生产时，才带着那小女孩回到英国，把她交给她的祖母，自己则在伦敦找了一个地方住下来，等待临盆。

就在这样的环境下，我们这部传记的主人翁——诗人拜伦，在 1788 年的 1 月 22 日（星期二）来到了这个世界。但不幸的是，他一生下来，右脚就有点畸形。虽然他的母亲寻遍了名医，也无法弥补这天生的生理缺陷。这缺陷为他带来了不少的痛苦，这很可能也是形成拜伦特殊性格的主要原因。

母子相依为命

为了生活，拜伦的母亲不得不恳求苏格兰的行政机关发放一点救急的零用金给她。她在写给爱丁堡代理人的一封信中，提道：“我不敢要求太多！而且，即使给我太多，也会被我丈夫一下就用光！”

果然不出所料，约翰·拜伦一听说戈登小姐又有了收入，便立即回到英国。名义上是探望自己的儿子，实际上却是要向戈登小姐榨取那一点少得可怜的救济金。

依照英国的法律，债主不能向戈登小姐讨债；所以接连好几个月，约翰·拜伦都在和债主玩捉迷藏的游戏——当他需要用钱的时候，便冒险潜回英国，

苏格兰风光，结合了水色与山色

甜言蜜语地骗取戈登小姐的钱，然后返回法国享用。

1789 年的夏天，拜伦的母亲带着这个取名乔治·戈登的儿子（因为命名时，父亲不在身边，所以她把自己父亲的名字冠给这小孩）离开了伦敦，回到苏格兰亚伯丁的娘家，企图利用仅有的 150 英镑和她的儿子平静地生活下去。

不多久，约翰·拜伦再度山穷水尽，不得不去投靠他的妻子，和她们在皇后街的一栋狭窄拥挤的小屋里住了下来。然而这位花花大少实在过不惯这种清苦、平淡的生活，当他从他的姐姐莱夫人那儿弄到一些钱后，就马上离开了拜伦母子，回到上流社会圈子里去混日子。

拜伦的母亲对丈夫是又爱又恨。当他要钱的时候，她气得对他破口大骂，可是事情过后又死心塌地地爱着他。她对自己的儿子也是如此。

"我的母亲"，拜伦说，"当我顽皮得惹她发脾气时，常常说：'唉！你这畜生，简直和你爹是同一个模子刻出来的，一样可恨！'但是，过不了一会儿，她又会很懊悔地抱着我又疼又怜的"。

背景知识

苏格兰

苏格兰第一大城市格拉斯哥，是苏格兰的工业重镇；第二大城市为爱丁堡，为苏格兰自治政府所在地，是苏格兰的政治、经济、文化中心。苏格兰人性格粗犷、友好善良，他们较好地保存了传统文化，在民歌、音乐、服饰上至今还保留着自己的民族特点。风笛、格子裙、高尔夫和威士忌是苏格兰人的标志。

苏格兰的历史非常悠久。公元前10000年，苏格兰地区开始有人类居住，第一批居民从爱尔兰、英国、现在的北海而来。苏格兰当时被浓密的森林覆盖，很多湖泊河流将森林分为若干块，所以当时的苏格兰居民只能在沿海一带定居并以打猎为生。

到了新石器时代，随着制造工具技术的发展，苏格兰人开始向森林发起长期而持久的进攻，并最终将人类的足迹一点一点地延伸到了苏格兰内陆。

公元前2000年，青铜术传到了苏格兰。

苏格兰西部的小岛

公元前1000年，起源于中欧的凯尔特文明，逐渐影响到了苏格兰。从此苏格兰成了凯尔特文明的一个分支，现在仍被认为是六个现存的凯尔特国家之一。现在苏格兰的传统文化大多起源于凯尔特文化。

公元前100年左右，强大的罗马帝国开始大举入侵大不列颠岛，并成功征服了英格兰人。苏格兰人武器落后，跟罗马帝国的军队比起来简直就是一帮原始人，但凭借苏格兰复杂的地形和苏格兰人骁勇善战的传统，还是没有轻易被罗马军队征服。虽然最终罗马帝国的军队成功消灭了当时苏格兰主要王国的军队，但罗马帝国的指挥官仍然决定不占领苏格兰，而是在苏格兰和英格兰的边界上修了一条长城，这就是哈德良长城。

罗马帝国的入侵，给大不列颠岛带来了先进的文明。

后来罗马帝国分崩离析，军队也从大不列颠岛撤走。这引起了苏格兰一段权力的真空，趁这个机会，一支从爱尔兰来的、同样属于凯尔特文化的部落到了苏格兰并定居下来；北欧的维京人开始入侵，占据了沿海一些小岛，并建立了自己的王国。直到现在，在苏格兰北部海边的一些地方，北欧人都多过苏格兰人，文化传统也相当北欧化。

公元9世纪，科伦斯·马克奥平先后继承了王位，随后将三个王国合并成一个统一的国家，名为奥巴王国，这就是后来的苏格兰王国。

苏格兰海边

苏格兰的外岛

这个王国整整持续了八百多年，直到17世纪，苏格兰国王詹姆斯六世同时继承英格兰王位，成为詹姆斯一世，并发布联合法案合并苏格兰和英格兰议会，苏格兰和英格兰放弃独立地位，成为一个统一的大不列颠王国。事实上直到今天，英国的王室仍然是科伦斯·马克奥平的后裔，虽然不是直系，因为历史上有些国王无后，所以只能选最近的亲属为继承人，而且历史上有多位女王（大多还比较出名），所以导致王朝改名换姓。现在的英国被称为温莎王朝，因为女王伊丽莎白二世的姓是温莎。女王丈夫的姓是蒙巴顿，本来是希腊王储，后来放弃了继承权，跟女王结婚。婚后女王丈夫曾经要求将英国王朝改名蒙巴顿，但女王发布御令，只是将子女的姓氏改为蒙巴顿－温莎，保留温莎为王朝的名字。

约翰·拜伦最后一次出现在她们母子面前，是1790年的9月。为了让约翰·拜伦完成回到法国的心愿，拜伦的母亲只好从老祖母的养老金中拿出100英镑来给他，但是，从此以后，她们母子就再也没看见过他了。

1791年的8月2日，从法国传来约翰·拜伦已经自杀身亡的消息。他在遗嘱上指定他的儿子——乔治·戈登为财产继承人，以及债务和丧葬费的负责人。

这个消息经过证实后，差不多整条皇后街的人都听到了拜伦母亲的哭声。这时，拜伦才三岁，后来他在写给他朋友的信上说："我对我母亲还留有深刻的印象，而且，因为从小看到父母的情形，我从小就对婚姻产生了恐惧感！"

好不容易，拜伦的母亲才打起精神，用她微薄的一点收入，和她的儿子在当地人认为的高级住宅区安顿下来。她牺牲了一切的享受，只想让自己的儿子得到最好的。可是，无论她如何委曲自己，以她的收入绝不可能送拜伦到一所贵族学校去，所以，拜伦只好在邻近的包尔斯先生所开设的一所又小又吵、又脏的学校读书。

拜伦回忆他在亚伯丁时的生活说：

> 第一年，我在那所学校什么都没有学到，只会重复地背诵一句："神创造世人，我们要爱神！"不过，第二年学校换了一位比较好的老师，我才学到了一点东西，并开始读拉丁文。

诗人拜伦六岁的时候，一件意外的好事改变了他的命运。原来，"邪恶的拜伦男爵"的孙子，在科西嘉被炮弹炸死了，拜伦被指定为他的合法继承人。拜伦的母亲也因此可以在苏格兰的贵族亲友们面前抬起头来了，并开始教导拜伦恢复他贵族身份所应有的态度、礼仪。

背景知识

英国爵位

英国爵位分为公、侯、伯、子、男五等。

公爵

早在罗马帝国时期，欧洲大陆的公爵称号通常授予守疆拓土、军功卓著的高级指挥官，以后因重大政治变化而中断。几百年后，公爵爵位又见于德国。大约在公元970年，德国皇帝奥托一世初设公爵爵位。不久法国和欧洲大陆其他地区也建立了公国。在英国，公爵是仅次于国王或亲王的最高级贵族，与作为一国之主的欧洲大陆的"大公爵"（即大公）有所不同，英国公爵爵位出现很晚。

1337年，爱德华三世把康沃尔郡升为公国，将公爵爵号授予年方七岁的“黑太子”爱德华。该王储十六岁参加百年战争，锋芒显露；1355年前往法国指挥作战，军功卓著。父王对他赏赐有加，使太子身兼多种称号，如1343年封为威尔士亲王，1362年加封为阿基坦公爵。为突出公爵特殊地位，以后多年除女王配偶和王子外均不许称王，最高可获公爵爵位。随后，爱德华三世及其继承人又先后建立了兰开斯特公国、克拉伦斯公国、约克公国和格洛斯特公国、赫里福德公国、贝特福德公国和萨默塞特公国等。这些公国的领有人都是王室宗亲，他们得到高级爵位后，在贵族中鹤立鸡群，威势不凡。自从1483年建立诺福克公国以后，公爵爵位开始授予王亲以外者，但很少建立公国。而且能获此爵位者多是军功显赫的统帅，行政界政务家即使任职多年、政绩昭著，也难获此殊荣。

侯爵

侯爵就词源而言，它是由德文Markgraf（堡侯；边疆殖民地总督；伯爵）演变而来。侯爵原意与“方伯”词义相近，系指统辖一处的封疆大吏。在英格兰，拉丁语“侯爵”一词最初指威尔士边疆的领主。那时只说明他们领地的位置靠近边界，并不说明其地位高于伯爵。1385年涵义变化，第九代牛津伯爵罗伯特·德·维尔被封为都柏林侯爵。1397年，萨默塞特伯爵约翰被封为多西特侯爵和萨默塞特侯爵。侯爵的地位和尊荣程度不甚明确，大约在公爵和伯爵之间，一段时期内不被看重。亨利六世在位期间，约翰·德·比奥福特被国王免去侯爵爵位，下院为此向国王请愿，要求恢复比奥福特的爵位。但他本人却反对乞求国王，并说：“侯爵乃是一个新的荣誉称号，完全不为先人所知。所以，应对此冷漠视之，并不认为接受它是明智之举。”到了15世纪，这级爵号稳定地保持了在贵族爵位中的第二级地位以后，才被贵族们所看重。与其他四个等级的贵族相比，侯爵的数目一向最少。

伯爵

在英国五级贵族中，伯爵出现最早。个别学者认为伯爵爵位来自欧洲大陆，最迟在公元900年的法国，伯爵已成为公爵的封臣。但更多的学者认为英国伯爵与法国伯爵并无继承或连带关系；而且英国伯爵称号是五种贵族称号中唯一的英文词，是由古英语eorl转化而来。大约在盎格鲁一撒克逊时代后期，因王权不够强大，英格兰广大地区曾划为几个较大的伯爵管辖区，而伯爵爵位却是在11世纪初由丹麦国王克努特引进英格兰的。11～12世纪中叶之间的伯爵多是镇守一方的诸侯。他们大多是一人治理数郡，所以又被称为“方伯”。诺曼大公威廉侵入英国后，担心他们权势过重，危及王权和国家统一，遂将方伯权力加以分割，移交给他的亲信。每个伯爵的辖区仅限一郡，与国王有着极其明确的封君封臣关系，伯爵倘敢兴兵作乱便会被王军镇压，或受其他贵族制裁。伯爵职权名号可由后代继承，但因为有的伯爵缺少继承人而使总数有减无增。14 世纪以来，伯爵数目攀升。1307 年计有九名，1327 年爱德华三世即位时仅余六名，十年后增至十二名，爱德华在位晚期增至十四名。14 世纪 20 年代之前，伯爵作为高级贵族，是男爵的“天然领导人”，在地方上负有对男爵、骑士的管理责任。但在 1327 年政治危机时（指爱德华三世废黜其母法国伊沙贝拉公主的摄政，登极亲政时），伯爵曾作为一个具有“自我意识”的政治群体独立行动，与男爵们的“距离感”突然产生。1328 年由亨利三世增封玛奇伯爵领地之后，伯爵不必行使地方管理的职责。

子爵

上院贵族中数子爵资格最浅。子爵称号源于法国，原为郡守，地位在伯爵之下，但有时可能是实力强大的诸侯。在英国，1440 年比奥芒特的约翰被封为子爵，位居所有男爵之上。

男爵

盎格鲁一撒克逊时代已有男爵一词，但无男爵爵位，而且词义不够确定。似有“自由者”或“国王的臣仆”之意，但无尊贵的含义。英国男爵出现于 11 世纪。到 12 世纪初国王大部分高级世俗贵族都被封为男爵。其中少数与王室关系密切、封地较多者又被称作“大男爵”，其地位在伯爵和男爵之间。很快，大男爵发生分化，显赫者升为伯爵，其余与普通男爵不分伯仲。正因当时男爵在世俗贵族中占了很高比例，以至于“男爵”一词长期作为贵族的集合名词使用。11～14 世纪，男爵的封号和封地可通过血缘和婚姻关系传递，但不得随意出售和转让，历代国王也不随意增加或褫夺贵族封号。1387 年，理查德二世首次增补男爵爵位，比奥查姆波·德·豪尔特被封为基德敏斯特男爵。以后数百年至今，居于五级贵族之末的男爵始终人数最多。

英国五级贵族大致定型于 13～15 世纪。它与中国周初的五级贵族分封制不同，不是在某一特定时刻一次建立起来的，而是在漫长的岁月里逐渐形成、最终成为定制的。

这个时期的拜伦，在学习上虽然成绩平平，但却很喜爱读课外书籍。其

苏格兰地区的一座小教堂前的地方，据说埋葬了四十八个苏格兰君主、八个挪威君主、四个爱尔兰君主以及两个法国国王。

中有一本《土耳其历史》是他最欣赏的，他说："它是我童年时期最喜欢读的一本书，或许是它使我的诗增加了一点东方的色彩！"除了历史外，他也喜欢读航海或冒险的故事，如《一千零一夜》和《唐·吉诃德》这类的书。

拜伦刚过完十岁生日，突然传来一个消息——拜伦五世已经去世了。可是，这位刚成为拜伦六世的十岁小孩，在得到消息的隔天，瞪大了眼睛问他的母亲："我和以前有什么不同的地方吗？我自己看了很久，也看不出自己当了贵族以后和以前有什么不一样！"最令他尴尬的事是学校里的老师把他找去，给了他一些酒和蛋糕，并且还在他毫无准备的情况下，向班上宣布他的新身份。禁不住众人的注视，这位新的爵爷居然大声哭起来了！

透过拜伦母亲代理人的调查，去世的爵爷遗留下来的财产，除清还债务以后，连埋葬费都成了问题。而且老爵爷死在5月，拜伦母子必须等到8月，才能离开苏格兰去英格兰领受他的男爵头衔。

当拜伦的母亲把全部家具以74英镑卖出去、凑足了去英格兰的旅费时，我们不太清楚这位小爵爷离开故乡时的心情如何；不过，从他对一首苏格兰民谣忆往日的感想中，我们不难看出，拜伦在苏格兰的确有过一段快乐的童

西部的 Lewis 是苏格兰历史悠久的岛屿。岛上的 Callanish 巨石阵是史前人类活动留下的古迹。

年时光。他写着："我虽只是半个苏格兰人，但却流着整个苏格兰人的血液！"

年轻的爵爷

当拜伦母子及女仆玫瑰风尘仆仆地从亚伯丁到达纽斯德时，首先映入眼帘的不过是一座面对湖泊的修道院和一座残破古老的歌特式教堂。拜伦母亲的伦敦代理人韩生先生和他的太太早已经在那入口处恭候多时了。随后，韩生夫妇带领他们四处参观。

拜伦母子在看过庄园里的大公园和那些宽大但却阴暗的建筑物后，更坚定了要住下来的决心——尽管韩生先生一再告诉他们：这些建筑物的后面，有几间房连屋顶也没有！况且，客厅和餐厅的地上也满是稻草和牲畜粪便。他们决定让拜伦的母亲使用一些还没有被债主们搬走的家具，暂时在这残破不堪的纽斯德修道院住下来，以便就近再慢慢整理家务以及处理土地的问题。

至于拜伦呢？韩生先生计划让他在克拉克太太家住一阵子。这位克拉克太太的前夫，就是被“邪恶的拜伦男爵”所杀死的，她和前夫所生的女儿玛丽·嘉渥，现在还跟她住在一起。这女孩比拜伦大两岁，算起来还是拜伦的堂姐。

不多久，这位年轻的爵爷开始对自己的属地和身份感到得意起来，他以拥有拜伦家族传统的家徽感到骄傲，并且慷慨地对诺亭汉什尔的亲友们进行赠与。

第二年，即 1799 年，拜伦在诺亭汉什尔居住期间遇见了一位叫李文德的全科医生，自称精于外科手术，能治愈拜伦的跛脚。他用油脂替拜伦按摩，并用机械方法绞紧拜伦的脚；然而，除了增加拜伦的痛苦外，一点疗效也没有。

韩生先生不忍见这孩子遭受折磨，又觉得他必须接受系统的教育，因此建议他母亲送他去伦敦。韩生还说，说不定伦敦的医生对拜伦的脚有更好的治疗方法。韩生帮拜伦的母亲向国王请愿，争取到拜伦到达威区一所小学校就读的一切教育费用，并请拜伦的亲戚卡力索伯爵担任监护人。1799 年的 7 月 12 日，拜伦随着韩生先生到了卡力索伯爵家。

苏格兰的自然美景。这是全英国最高的山峰 Ben Nevis，高 1344 米，位于苏格兰西部，在 Fort William 附近。

与此同时，韩生先生劝拜伦的母亲把女仆玫瑰解雇，理由是她常常打拜伦并且带一些下流的人到家里玩。事实上，韩生先生还保留了事实的真相。直到拜伦死后，韩生才说："拜伦九岁的时候，有一个苏格兰的女孩儿常常在晚上去找他，跟他一起玩耍。"

他的童年"初恋"也差不多在这个时期开始，对象就是这名小女孩，一位名叫玛丽·德芙的漂亮表妹。

拜伦在九岁前后，就已经早熟了。当年拜伦之所以会告诉韩生与女孩早恋的这件事，说不定是因为嫉妒玫瑰对别人也友善；而这个对宗教信仰非常热诚的女孩，留给拜伦的影响是——日后对宗教界人士的伪善深恶痛绝。

拜伦进了达威区的学校以后，因为拉丁文的训练不够，再加上不专心学习，所以名次一直落在别的学生之后。韩生先生觉得这样下去也不是办法，于是便劝说卡力索伯爵让拜伦到哈洛的公立学校去念书。韩生先生明知以拜伦的程度去上公立学校的确有些吃力，然而他却说："这小孩子还有点聪明，总是可以造就的！"于是，在1801年的4月，他带着拜伦到哈洛去见校长朱力博士。

有记录显示，1800年暑假，拜伦可能曾陪同他的母亲到诺亭汉什尔和纽斯德附近去度假。这是根据拜伦自己的口述：

> 由于我对表妹玛格丽特·德芙非常喜爱，因此开始用诗来抒发情感……我的热情使我睡也睡不着，吃也吃不下，每时每刻都不能安宁。虽然我知道她会爱我，但是想到还要那么久才能见面，真是非常痛苦……

拜伦尝到这种初恋的滋味，可能是在他八岁到十二岁左右；但是，这种"早熟的忧郁"和面对完美却不能占有的遗憾，在拜伦以后的生命中，借着他所接触到的男男女女，重复地出现。并且由于他过分早熟，使他对肉体的关系产生一种厌恶与渴望相互交错的复杂心情。这对他后来的情感生活有一定的影响。这也是他之所以一方面追求年轻的女孩，另一方面却和像面包师傅的太太这一类女人鬼混的原因。

中学时代

拜伦要去的哈洛学校，是一所离伦敦市中心约十一英里的乡村学校，建立在一座风景优美的山丘上。在这里就读的学生，大都是些贵族子弟，也有一些中上流家庭的子弟掺杂其中。不过，校长和老师都以公平的态度对待学生。

当韩生先生带着拜伦去见朱力校长时，朱力校长立刻指派自己的儿子亨利为拜伦的辅导人对他加强辅导，以免日后按成绩分班时，他被分到比他年纪小的同学中，遭受同学们的讥笑。

但欺负人的现象还是发生了，同学们开始对这个跛脚却又非常高傲的新生产生反感，百般地对他施以各种恶作剧。

拜伦曾亲口告诉他的朋友："那些没有同情心的同学，使我觉得在哈洛的生活非常痛苦。有时候，我一觉醒来，却发现自己的脚被浸在一桶水中。"他在哈洛的头几个月，几乎都是在打架中度过的，因此，拜伦非常厌恶学校生活。

暑假好不容易来临了，拜伦又可以回去和母亲在一起了。这时候韩生先生又为拜伦向皇家高等法庭争取到每年500英镑的教育费，并且请来贝里和劳瑞医生，为拜伦设计了一只鞋。这只鞋子的右脚踝处有个支架，穿的时候用绷带连脚一块儿包起来。穿上这只鞋子走路，可以调整双脚的平衡，不至于被看出是跛脚。可是，在学校里拜伦很不愿意带着这个麻烦的支架，因为这使他的行动不能像别的小孩一样利落。他对每种运动都要尝试，而且对板球特别得心应手。他也开始结交新朋友。年纪比他大的同学，大都来自平民家庭，拜伦无法与他们交往。只有年纪比他小的贵族才肯跟他做朋友。

当假期再来的时候，拜伦便兴高采烈地跟着母亲回到巴斯的外婆家去度假，并且参加了许多舞会。学校快要开学时，拜伦的母亲写信给韩生先生说："拜伦拒绝回哈洛读书。"但是，2月开学时，拜伦仍旧回到学校去了。

在哈洛学校的生活，事实上是非常单调的，因此，课余的时候，常常可以见到拜伦在校园里的一棵榆树下静坐沉思。正值青春期的拜伦，内心充满了感伤和忧愁的情绪，而这段时期也可说是他作诗灵感最丰富的时刻！

校长看出了拜伦的天分，他在写给拜伦的监护人卡力索伯爵的信中说：“这孩子颇有天分！将来会对他的爵位锦上添花。”卡力索伯爵也很高兴地回了一封信询问：“真的吗？”

经过韩生先生的努力，纽斯德的庄园终于找到了承租的人葛雷先生。那是一个23岁的年轻贵族，地位比拜伦要低，但是他愿意以一年50英镑的租金租下纽斯德这块地方。也因为这样，拜伦的母亲必须搬到附近一个名叫南井的地方去住。放暑假的时候，拜伦虽然和母亲住在一起，可是，不久就对这个只有三千多人口的小镇感到厌烦了。于是，他们又搬回纽斯德和看守庄园的人住在一起。

这时候，热情的拜伦的心完全被堂姐玛丽·嘉渥的美丽所俘虏了。亭亭玉立的嘉渥小姐可能也对拜伦的小聪明和奉承手腕感兴趣；然而，她对拜伦却谈不上有什么爱意，因为不久前她已和一位风度翩翩的青年约翰·马斯德士先生订了婚。可是，被爱情冲昏了头的拜伦，却仍然每天忠实地到嘉渥小姐家去报到，有时偶然不经意的肌肤之触或看到嘉渥小姐的一颦一笑，都会

纽斯德修道院

让拜伦整夜不能成眠。

学校又要开学了，拜伦却一点也没有回去上课的意思，也不在乎母亲的再三恳求。韩生先生经不住校长的一再询问，只好写信给拜伦的母亲，结果却得到她这样一封回信：

> 虽然我努力地劝了他六个星期，但还是不能成功地把他劝回学校。我知道他并不是有什么不对劲的地方，只是由于单恋着嘉渥小姐。（在我看来，这是最严重的病态！）他已经在她家附近待了三个星期之久，一直没来看我。

信里虽是这样写，可是这位溺爱孩子的母亲，记起她当年对拜伦父亲的迷恋情况，于是也就顺从了拜伦的意思，让他在纽斯德待了下来。

但是，没有多久，拜伦开始领悟了嘉渥小姐的意思。有一天晚上，也不知道是他自己听到，还是别人转告他，说是嘉渥小姐对女仆说："什么，我会喜欢那个跛脚小孩？"在羞愤交加下，他冲出嘉渥小姐的家，回到自己住的地方。尽管如此，他仍无法忘记嘉渥小姐。他后来告诉朋友汤马士·麦德温说："她是我年轻时梦幻中美的化身！"

这件事的发生，使拜伦产生了立即离开纽斯德这块伤心地的决心。可是，正在这时，向他们承租庄园的葛雷先生邀拜伦和他一起去打猎，于是拜伦就留了下来，和他一起在晚上去打雉鸡的窝巢，倒也玩得不亦乐乎。但是，在拜伦过16岁生日的时候，也就是1804年1月却发生了一件不愉快的事情，使得拜伦的情绪非常恶劣，而且很厌恶地离开了葛雷先生，发誓今后再也不和他来往。虽然他不愿意说明事件的原因，但是他曾暗示：葛雷先生有冒犯他的意图。

1月底左右，拜伦又回到哈洛学校读书。这次回去，他已对学校比较感兴趣了，并且，除了旧识的朋友外，他又结交了许多新朋友。而且，他也不想再回到母亲住的地方去度假了。现在，拜伦有了一个知心的朋友，就是他同父异母的姐姐奥古斯塔。

拜伦在写给她的信中说："在这世界上，只有你是我最亲近的亲属了。不仅是在血统上，连情感上也是如此！"

拜伦和母亲越疏远，和奥古斯塔的关系就越亲密。拜伦再一次回到哈洛读书，又是一学期的新开始。不过，这次的回去，却是出于自己的决定，他

拜伦就读的剑桥大学

在写给母亲的信中说："富有、尊贵的路就在我面前，只要我肯，就能开出一条途径来，否则我将会走向灭亡！"

16岁的拜伦，理想和抱负已经十分明显，他梦想着做一个议会中的著名演说者，因此，在哈洛读书的时候，他对演说这一科目特别用心，也一直想博得朱力校长的赞赏。他自己表示，在哈洛的时候，大家都觉得他除了玩耍、捣蛋和发呆以外，并不喜欢读书，其实这都是对他的误解。

"事实是……"拜伦说，"我吃饭也读书，在床上也读书，别人没有读的时候，我还在读书！而且，从15岁开始就什么书都读过了"。的确，根据拜伦在剑桥大学时的笔记本记录，他15岁的时候，就已经读过了文学、历史、哲学、神学等方面的书籍了，其中包括卢梭等人的著作。

暑假再来临时，拜伦与母亲的关系更加恶化了。

拜伦说："以前是她放纵我、溺爱我，现在却相反。而且，我们母子间之所以会争吵，都是为了那个讨厌的葛雷先生……有一次我几乎怀疑——我母亲是不是爱上了他？"

就因为这样，拜伦常借故离家到比果家去玩。比果家有一个比拜伦大好几岁的伊丽莎白小姐，还挺喜欢和他在一起玩呢！可是，拜伦对嘉渥小姐的情感依然存在，而且，还可能有几次偷偷地回去看她。嘉渥小姐快要结婚了，心情非常愉快，自然没有多少时间去理会拜伦。沮丧加上失望，几乎使拜伦的精神崩溃。他的母亲更是火上浇油地告诉他：他童年的恋人——玛丽·德芙已跟别人结婚了（只因为拜伦批评葛雷先生而激怒了母亲），拜伦差不多是在颤抖的状态下离开母亲的。

新的学期开始的时候，拜伦很高兴能逃回哈洛去读书，并且把自己追求女孩子的热情，转移到同性的朋友身上。至少，他们单纯的友情，不至于像女孩子那样变幻莫测，而且他们又肯接纳他原来的样子。从此，拜伦对年纪比他小的朋友，像克莱和德拉威爵士特别的好，他觉得他们漂亮的脸同样具有美感，而且他觉得与他们在一起几乎和与漂亮的小姐在一起时毫无两样！

因为拜伦一再告诉奥古斯塔，他和母亲感情恶化的原因，所以奥古斯塔就设法（和韩生先生联合）让拜伦回南井去度假，但却不让拜伦的母亲事先知道。另一方面，因为拜伦在哈洛惹了许多麻烦，校长也劝他自己去找个私人教师，在家里整理功课及预备进大学的一切事情。

但是拜伦离开哈洛没多久，又自动回到学校去念书了，他根本不理会朱力校长的劝告。果然，他一回到学校，就发动全校的学生反对新上任的校长。现在，他在哈洛已经居于领导者的地位，这也是他努力要重回哈洛的原因之一；另外的原因是，他怕同学们以为他是被学校开除的，而且他想回校参加演说课的期末考试。

拜伦和家里的关系越不好，就越喜欢学校。他说："我非常不想离开哈洛，最后一学期的时候，我每天都要计算一下，留在学校的日子还有多少天，真是越算越难过！"

可是，天下没有不散的筵席，拜伦还是跟他的好友交换了离别的纪念品，十分感伤地离开了哈洛。

1805 年 9 月 23 日，拜伦偷偷地离开母亲逃到伦敦去，在那里住了一个月，为进入剑桥大学三一学院的事情作准备。

背景知识

剑桥大学

剑桥大学成立于 1209 年，最早是由一批为躲避斗殴而从牛津大学逃离出来的学者建立的。1231 年，亨利三世国王授予剑桥教学垄断权。从此，剑桥大学和牛津大学齐名为英国两所最优秀的大学，被合称为“Oxbridge”。剑桥大学是世界十大学府之一，有至少七十三位诺贝尔奖得主出自此校。

剑桥大学所处的剑桥是一个拥有十万居民的英格兰小镇，距英国首都伦敦不到一百公里。这个小镇有一条河流穿过，被命名为“剑河”（也译作“康河”）。剑桥大学绝大多数的学院、研究所、图书馆和实验室都在这个镇上。

剑桥大学有三十五个学院，其中有三个女子学院，两个专门的研究生院。学校实行独特的学院制，风格各异的三十五所学院在经济上自负盈亏；剑桥大学负责生源规划和教学工作，各学院内部负责录取学生，每个学院在某种程度上就像一个微型大学，有自己的校规校纪。剑桥大学的第一所学院彼得学院于1284年建立，其他的学院在14世纪和15世纪陆续建立。

剑桥大学三一学院是剑桥大学规模最大、财力最雄厚、名声最响亮的学院之一，拥有约600名大学生、300名研究生和180名教授。同时，它也拥有全剑桥大学中最优美的建筑与庭院。

三一学院的教堂是由亨利八世的女儿玛丽·都铎于1554年修建的。教堂前厅摆着从三一学院毕业的著名毕业生的玉石雕像，包括牛顿、培根、丁尼生

剑桥大学

等人。

三一学院在学术成就上是剑桥所有学院中最顶尖的，它因拥有众多著名的毕业生而声名显赫。到目前为止，该学院共培养出了31名诺贝尔奖得主，著名的毕业生包括牛顿、培根、拜伦、怀特海、罗素、维根斯坦等人。

剑桥的大学生

“1805年，当我十七岁半的时候，”拜伦后来对人说，“我不太高兴进剑桥大学去读书。原因之一是，我舍不得离开在校最后两年才开始喜欢的哈洛中学；原因之二是，我不能进入自己想进的牛津大学（因为已经满额了）；而且，这时候，我也为一些私人的家务事而烦心。我感觉自己就像一只离群的狼，不太愿意和别人有任何交往……更令我伤心的是：我知道自己已经不再是个小男孩，我觉得自己似乎已经变老了！”

剑桥大学的经典建筑

但是，拜伦仍进入了空间广大的三一学院。在搬进学校东南方一间很宽的房子后，他觉得精神好多了。拜伦一直都喜欢广大的空间，这也正是他会喜欢纽斯德的原因，那里虽破旧但建筑物高大，而且土地广阔。

他在 11 月 6 日写给奥古斯塔的信中说：

> 我住在这里，每年有 500 英镑的收入，有仆人侍奉，还有马车，真像一个自由自在的德国王子！

可是，这所学校虽然没有贵族与平民之分，但长久以来留下来的不成文规定，却特别容许贵族有可以不按时上课和不必参加考试的特权；更过分的是，贵族常可以随意破坏学校的规定，过自由放荡的生活。拜伦在哈洛虽然交了许多贵族朋友，但是在剑桥的朋友中，却是一个贵族也没有。起初他也想和那些贵族一样整天地吃喝玩乐，但却觉得丝毫没有乐趣可言，有时反而觉得浑身不自在。

我们从他写给韩生先生的信中可看出一些蛛丝马迹。

> 这些人所追求的东西很多，吃、喝、玩、乐、睡觉、打架……但是，永远轮不到读书。我坐下来写这封信给你，可是，我满脑子里都被这些放浪的行为所笼罩……我虽然对它们深恶痛绝，但却依然不能避免……终归而言，毕竟我在这里还是最“稳重”的人！我没有招惹任何麻烦，也没有进退两难的痛苦遭遇……

拜伦在剑桥所结交的第一个朋友，就是从前在哈洛一起读书的艾德华·隆，他是在拜伦的一些酒肉朋友之外兴趣比较相近的同学。他们一起游泳，一起骑马读书，晚上，隆还会吹横笛和拉大提琴让拜伦欣赏呢。有时候他们一起骑马到干彻斯特（今天还被叫做拜伦池）的堤上，此时拜伦往往可以暂时忘掉每天和那些吵闹的朋友相聚的不愉快。虽然，有时候拜伦晚上也和那些吵闹的朋友混在一起，但却能自己偷空读书，有一本华特·史考特的诗集，就是在一个有“混蛋王”之称的家伙的屋子里读完的。

尽管拜伦没有浪费金钱在花天酒地的事情上，但他似乎有随意挥霍的习惯。因为，当他在伦敦过圣诞节的时候，几乎已是一文不剩了。

在 12 月 27 日写给奥古斯塔的信中，他要求姐姐替他作保，因为“有人答应借给我几百英镑……”这是拜伦首次和放高利贷的人攀上关系。在以后的三四年中，他一直都靠借贷过活，并且债台高筑到数千英镑。虽然奥古斯塔坚持要替拜伦还债，但他却拒绝了。

这时候，拜伦不仅在金钱上陷入困境，在情感上也似乎陷入低潮；但是他认为即使向人倾诉，别人也不容易了解。

他的好友隆在1821年的日记中写着：“他的友情，以及一股激昂却纯洁的爱和热情——当时也曾使我非常感动，也是我一生中最浪漫而快乐的时期！”

再从他1807年写给伊丽莎白·比果小姐的信中，我们看到拜伦自己透露，他在剑桥三一学院的教堂里，看到一个唱诗班的男孩，令他非常欣喜：

> ……最初是他的声音吸引了我，然后是他的容貌，最后，他的态度使我想要永远和他在一起。我爱他胜于一切，时间距离都不能改变我……在剑桥的时候，我们每天在一起，不论春夏秋冬，没有一刻会感到无聊，而且，每次都依依不舍地分开。

剑桥大学的三一学院教堂

不论拜伦的情感在他去东方旅行后产生了什么样的变化，可是我们似乎不能怀疑，他对那个唱诗班的小男孩艾德斯敦的“激昂却纯洁的爱和热情”是一种浪漫的爱。而我们也可以证实，这种爱和拜伦对玛丽·德芙以及玛丽·嘉渥的情感是同样的热情而纯洁。

剑桥的新学期在2月5日开学，但拜伦仍旧留在伦敦。而且，当归还借贷的限期到了以后，奥古斯塔并未按时替拜伦作保。为了这事，拜伦连续好几个月都不跟奥古斯塔通信。最后，拜伦只好找房东和房东的女儿替他作保。奥古斯塔知道后，心里非常难过，拜伦的母亲也感到不安。

拜伦向放高利贷者以极不合理的利息借得900英镑，还清了在哈洛的债务，又付了231英镑的学杂费，但是，他还是没有回学校去读书的意思。

他有点幸灾乐祸地写信给他母亲：

> 我身边虽有些钱可以周转，但是，我觉得还不够我一学期的费用……在英国大学进修，对一个有身份地位的人来说——我想你也清楚——不太可能，而且是非常荒谬的想法……也许我不能在法国有什么发展，然而，柏林、维也纳或圣彼得堡还有我容身的机会！

他的母亲接到信后，几乎要晕倒了！她看出这个小孩完全学着他爸爸的样，还未成年就快要自我毁灭了。

在绝望中，拜伦的母亲写信给韩生先生说：

> 这小孩将会是我的致命伤，他快要把我逼疯了！我绝对不会同意让他去外国，再说，他去哪里筹这笔钱？他不是已经被放高利贷的控制住了吗？啊！这孩子，真是没有感情，没有良心！

到3月10日左右，拜伦借来的钱又花光了，他不得不写信向韩生先生求援，请他帮忙为他凑足500英镑以便还债。也许他对伦敦也有点厌倦了，于是，在4月中旬，他又回到学校去了。不过他浪费的习惯还是跟以前没有两样，不但慷慨捐款给学校，甚至买了一部豪华的马车。

拜伦是否到学校上过课，我们不太清楚，但是，也许他觉得学校的生活太枯燥乏味了，以至于在和别人的通信中，一次也没有提起过。尽管第一学期，他付了20英镑17先令的书钱，但他却没有好好用心去读书。他大部分的时间都花在写诗上了。

虽然他在学期快结束的时候才回学校，但回去以后，也没有待多久，因为他的口袋又空了。1805年暑假在不得已的情况下，他回到南井的母亲那边。

不可避免的，拜伦又与母亲激烈地争吵起来。自然，比果家又成为他的避风港，何况，拜伦又认识了伊丽莎白·比果的哥哥约翰·比果，他刚从爱丁堡读医学院回来。同时，拜伦也安排好将自己的诗集委托给附近纽瓦克的出版商约翰·理奇去印刷。一切正在进行中时，拜伦却又和母亲吵起来了，这次的情形可能特别严重，因为8月7日拜伦在比果兄妹的协助下，飞也似的以一副狼狈相逃回伦敦去了。不料，拜伦的母亲也紧跟着他到了伦敦，拜伦费尽周折才把母亲劝回南井，然后，他就转往萨克斯海岸边的小汉普敦与好友隆度过一个快乐的假期。

背景知识

爱丁堡

英国北部城市，苏格兰首府，经济和文化中心。在苏格兰中部低地、福斯湾的南岸。面积260平方公里。1329年建市，1437年～1707年为苏格兰王国首

爱丁堡

都。造纸和印刷出版业历史悠久。它是重要的运输枢纽、航空港。18 世纪时为欧洲文化、艺术、哲学和科学中心。有 1583 年建立的爱丁堡大学，还有古城堡、大教堂、宫殿、艺术陈列馆等名胜古迹。广场上有各种纪念碑。城内的国家图书馆藏有大量书籍和名人手稿。

爱丁堡又是一个风景秀丽的城市，依山傍水，地貌多姿，素有“北方雅典”“欧洲最美丽的城市”之誉。

爱丁堡

9 月的时候，拜伦又回到了南井，这次不但有马车，还有马夫和侍从，身材也瘦了一些。他的母亲只能看着他的奢侈行为而愤怒，但拿他没办法。拜伦回去后立即和比果家联络，他们组织了一个私人剧团，当然，拜伦每次都扮演主角。

同一个时期里，他虽然也追南井的小姐，写一些情诗给她们，却都不太认真。

他私人投资出版的诗集在 11 月的时候，以《流浪者之歌》命名出版了。然而，其中半数以上的诗是在学校里的即兴之作、讽刺人的诗，或是他个人的习作；其他的则为模仿汤姆士·摩尔式的（讨论如何奉承女孩）论文。这些露骨而充满色情色彩的诗——例如，其中一首叫《献给玛丽》——灵感可能来自他在伦敦的经历。由于这首诗，他博得一个“放荡的罪人”的恶名！但是拜伦的第一册诗集，的确是一本既写实又讽刺、感情丰富而浪漫的作品。

当拜伦把一册印好的诗集送给他的导师约翰鲁拜契尔牧师后，所得到的反应是——有些描述太过于热情了！拜伦立即写了一些诗来为自己的作品辩护，他的理由和后来他为自己另一部作品《唐璜》的辩护大致一样。他说他的灵感就是“简单的真理”。不过，他在当天收回所有分送给朋友的诗集，全部焚烧，只有四本逃过了这场劫难，其中有一本在约翰鲁拜契尔牧师的手中。

过了不久，拜伦又着手写另一本诗集。他打定主意要写一本“极为正确且极为纯洁”的诗集，但是这样过分严谨的作品却限制了拜伦写实、尖锐和幽默的才华。这本诗集在1807年的1月出版，约有一百篇，取名为《生活杂感》。

也许为了要更能表现他的风流倜傥（一个五尺八寸半的身材，却有202磅体重的人当然不行），拜伦开始实行斯巴达式的减肥。据他说，是由“激烈的运动，许多的泻药和热水浴”所构成的减肥方式。说也奇怪，从此以后，他竟能一直保持着较好的身材，直到1818年他到威尼斯以后，才又胖起来。

青年拜伦

拜伦并不因自己的诗在南井有读者而感到满足，他又送了一本诗集给亨利·麦肯契（《有感觉的人》一书的作者），并且很高兴能得到这位作家对他诗集的赞美。他也送了一本给韩生先生，然而，除了赞赏之外，韩生还劝告他在演说的天分上多发挥。拜伦回答说他没有成年之前是无法达到那个目标的。他说：“事实是这样，我之所以会待在这里，那是因为我无法在别处发展，因为我已到了山穷水尽的地步！酒与女人已耗尽我的一切，现在我已经身无分文了……”

拜伦逐渐将出版目标从私人付印转为大量出版。但是，由于他过分缺乏自信，在私人付印时将一些精华部分删除掉，而所剩下的，不过是些细腻、伤感的作品而已，另外他又加上一些翻译的希腊诗和一些仿作。后来，出版商理奇为此书冠上了一个书名：《闲暇时刻》。

1807年6月27日，拜伦兴致勃勃地带着新出版的诗集，回到了剑桥。他每年的零用金已稍稍增加，再加上母亲为他借贷来的钱，使得他能偿付学校的费用。但是，最令他得意的是，他的旧朋友和同学没有一个人能认出他来，因为减肥后的他已和原来完全不同了。

然而，他才回到剑桥，却又打算退学，要不是他待在那里一个星期和一些新旧朋友闲谈甚欢的话，他也许不会在剑桥再待上一年了。

从表面上看，拜伦似乎很容易改变他的主意；其实，在他内心深处，有一种很强烈的情绪因素在支配着他的行动。就以他在认识约翰·霍豪士和查理斯·麦修士这两个朋友以后，又决定留在剑桥读书的事来看，便可以明白。

剑桥大学教学楼

拜伦新认识的这两位朋友，和拜伦一样也很会捣蛋，同时他们也和拜伦一样有异于常人的能力和兴趣。

约翰·霍豪士，是布里斯托的一位国会议员班杰明·霍豪士的儿子，他在1806年进入剑桥三一学院。他广阅史书和政治刊物，并且有维新党人的思想，充满了政治野心和对文学的热爱。

查理斯·麦修士和拜伦的认识倒是有点特别。拜伦回南井度假时，他曾住在拜伦的房间，有一个人跟他开玩笑说："拜伦很介意别人乱动他的东西，所以你对他的物品要格外地小心，以免触犯他的情绪。"结果他就小心翼翼地使用拜伦的东西，连别人进出，他都要人家轻轻地开关房门。和霍豪士比较起来，他可能较为偏激，他和拜伦讨论一桩两人都感兴趣的问题时，常令霍豪士暗地里捏一把冷汗。拜伦和他在一起时，常会情绪高昂地出点子、想些恶作剧来捉弄人。

1807年7月，拜伦以诗人的姿态回到伦敦，而且，他在南井的知名度也越来越高。他在伦敦的发行人考斯贝，在他自己出版的《每月文学漫游》7月号刊物中，决定碰碰运气，捧一捧拜伦的《闲暇时刻》这本诗集；在同一刊物，还刊出拜伦读华兹华斯诗集（1807年出版）后的感想。拜伦的虚荣心因此得到更大的满足。他向人表示："我在书商那里看到自己的名字，但是我并没有出示我的身份，只是暗暗享受这份光荣！"

拜伦闲暇的时候，除了写诗之外，就是满脑子的奇思怪想。他旅行到苏格兰高地后，雇一艘船航行到布里岛，最后又远征冰岛。

当他在秋天回到剑桥时，还买了一只熊，他把它养在他住的阁楼上，每天带着它去散步，好像用链子牵着一只狗一样。

虽然拜伦极力要让别人有一种错觉——觉得他和其他的贵族一样，在剑桥就只"专修"吃、喝、嫖、赌；但事实上，我们从他写给伊丽莎白·比果小姐的信中可以看出，自从他的诗集付印出版后，他的作品产量大大增加了。在短短的八个星期里，他已写了一本二百多页的小说，几首约四百行以上的诗，还有一些讽刺的小品文。

他觉得自己已荒废功课太久，于是，在11月30日开始整理他"十五岁以来的作业"。他很懊悔地说："自从我离开哈洛中学以后，因为写诗和追女人，变得既骄傲又懒惰。"不过，有些迹象显示：拜伦一旦认真去阅读一些东西，就会格外仔细，并且能应用他敏锐的判断力。

剑桥的名称取自当地的一条环城河流——剑河（River Cam，音译作“康河”“卡姆河”）。剑河是一条南北走向、曲折蜿蜒的小河，剑河两岸垂柳倒挂、芳草萋萋，河上架设着许多设计精巧、造型美观的桥梁，其中以数学桥、格蕾桥和叹息桥最为著名，剑桥之名便由此而来，剑桥的原意就是指“剑河上的桥”。

背景知识

苏格兰高地

作为冰河世纪的最后一个据点，苏格兰高地的美让人向往。

一望无际的高地没有北欧那样的无尽森林，但也不是枯寂的荒漠，而是被舒缓起伏的低矮绿草和苔藓所覆盖。那种低矮、稀疏的植被苍凉地生长着，全然不像英格兰原野上的青翠欲滴。裸露的岩石、清新的空气，时时告诉人们这是海岛上的高原。即使到了夏天，当原野被一种叫帚石南的紫色小花所覆盖时，大地也缺少一种生机。那种无边无际的紫色显得过于刺目和固执，不同于山花烂漫的绚丽，而是一种近乎于绝望的怒放。这是一片寂寞的土地，多少年前被视为蛮荒

苏格兰高地的东北部

之地，再壮丽凄美的景色也不能代替土地的贫瘠。

倔强的苏格兰人守着这片土地，面对着一个更强大民族的征服和蔑视，艰难地维持着生计。在古罗马人笔下，苏格兰叫“卡利当尼亚”。

著名的苏格兰诗人史葛曾这样描述过苏格兰：“噢！卡利当尼亚！顽强而荒芜。需要照料这个充满诗意的孩子！这地方只有褐色的荒原，杂乱的丛木；这地方只有高耸的山，泛滥的水。”

泛滥的水，如果算上有水怪的尼斯湖，那么恣意的瀑布、山泉、溪流以及星罗棋布的湖泊，似乎都可以一笔带过。传说中有怪兽出没的尼斯湖就在小镇印威内斯的郊外。

拜伦作品中的著名海盗人物，威廉·基德船长。

由于朋友的影响，拜伦更喜爱讽刺作品。在剑桥另一个新学期开始时，麦修士介绍他认识了国王学院的戴维斯和其他几个有点小聪明的同学。也许因为这个缘故，他们把拜伦吸收为剑桥维新党的党员——尽管拜伦有的只不过是一点单纯的政治思想和自由意识以及反抗心理而已。在这里，拜伦对霍豪士的友谊及景仰之情日益加深。他们两个人在一起，与其说是因为同在一个党里，倒不如说是因为有同样的文学兴趣。那时，他们两人正巧各自完成了一部讽刺作品。拜伦的作品是对他所认为的当代“英国诗人”做了一次评述；而霍豪士则仿效别人的作品对政治和社会的腐败做了一番批评。

拜伦的另一个文艺界的友人名叫法兰西斯·霍积生，他和拜伦都喜欢德来敦和派普的作品；更重要的是霍积生的爸爸与威廉·寄福，即当时最著名的文学批评杂志《文学季刊》的主编，是好朋友。

拜伦像

霍积生与拜伦的友谊发展有点特别，拜伦曾模仿霍积生的讽刺小品以示敬仰，而生活严谨的霍积生曾有意把拜伦改变成一个正派的人物，结果却和拜伦早期的朋友一样，终生对放荡不羁的拜伦忠心耿耿。

拜伦在剑桥的新生活没有多久又结束了。他利用向韩生先生借来的20英镑在伦敦过了一个圣诞节。除了偶尔去拜访他的朋友以外，他一直到隔年夏天去领受硕士学位时才回去，以后再也没有回剑桥去。

拜伦在剑桥停留的时间里，所拥有的像霍豪士这些人的友谊，算是他在剑桥八年进进出出，所能带走的最宝贵、最永恒的东西了。

文学界新贵

我的经历足以使我成为世界公民。

——拜　伦

向往东方

1808年初，拜伦仍旧忙着校订已经出版的诗集和预备新诗集的排印工作，同时也在伦敦享受着作家的自我快乐。像往常一样，他还是缺钱用，因此，他自己也不想做回剑桥的打算了。

在给韩生先生的一封信中，他说："我马上就要满二十一岁了，但是身边连二十一英镑也没有。"这个时期缺钱用，对拜伦来说一定非常难堪。因为他生性慷慨大方，即使他必须向人借钱才能填饱肚子，仍旧要表现出自己的阔绰。更糟糕的是，他越没钱，出手越大方。

拜伦在伦敦住了一段时期后，突然开始放纵自己的情欲。他的身体本来就因为减肥过度而衰弱，现在精力更加不好，影响了他的创作。在给好友霍豪士的信中，他坦白承认："我已陷入情欲的深渊，几乎不能自拔！"追究起来，他放纵自己的原因，很可能是由于一些文学评论家对他的批评所引起的。有一份较为著名的文学批评杂志《爱丁堡书评》，甚至对他进行人身攻击，说他骄傲自大，其他的评论也没有说什么好话。

拜伦诗选

后来他似乎已修养得可以承受这种打击了，然而，他的好友霍豪士说："事实上，他几乎要毁灭自己！"最后，拜伦的愤怒虽转为报复的决心，可是，他的意志却从那时候起开始消沉，整个春天，他都浸溺于肉欲中。他的健康遭到严重的损害，他却非常不在乎地对霍豪士说：“当爵爷的都是这样！”

拜伦在6月16日离开了伦敦，转往不来登享受海边风光。

7月4日，拜伦再度回到剑桥接受硕士学位。他对人家说：“……校长颁发硕士学位给我，是因为他不得不这样做……这真是一出闹剧！”

拜伦回到不来登的时候，霍豪士和戴维斯来陪伴他。7月和8月，他就在泡泡海水、狂饮和写一些哀怨的诗给他的情妇中度过。当忧郁的情绪来袭时，他就在诗行中发泄。他对现实的不满和他的幻想，很少在信里表达出来，但由他的诗可看到。

我渴望再成为一个天真无邪的、无忧无虑的小孩……

我们可以从诗中发现，他把一切的忧愁都转移到他对童年的回忆中。

9月初，他回到了纽斯德，虽然向他承租庄园的葛雷没有好好地为他照顾庄园，但拜伦还是对属于自己的土地爱恋不已。于是他立刻决定，非但不把庄园卖掉来还债，甚至还要大肆地修缮一番，使它像从前一样美丽壮观。他

不来登海边风光

耗费了许多金钱，雇了很多工人，连他母亲都为他的大手笔所震惊。然而他却对母亲说：“你没有办法阻止我做这些事，连我明年3月间（最晚5月）就要动身去波斯的事，你也管不了！因为，在我回来之前，你要做我的房客。”

拜伦决定去东方旅行的原因是——据他的监护人、他的代理人韩生先生，以及他的母亲说——他要在二十一岁的时候，在议会的贵族院取得一席之地，然后利用到国外的机会增广见闻，为自己进入国会的前途铺路。

但是，拜伦真正的动机并不是如此单纯，他深藏已久的浪漫思想（到一个不同的环境去，寻求新鲜的经历等等），以及日感厌倦的放荡生活，都可能是迫使他急于离开英国的原因。再说，他自己的毅力太不坚定，若不断然离开英国，他必定没有勇气脱离那种每天千篇一律的腐烂生活。

他在写给母亲的信中也表示：

> 总之，你必须了解我的计划并没有不妥之处；如果我现在不去旅行，以后恐怕就没有机会了！而且，每个人都应该在一生中做一次旅行……如果我们不去看看别的国家，我们将会永远对别国的人抱有偏见……

在等待的这段时日中，拜伦和霍豪士过着爵爷的生活，霍积生收到拜伦的信说——霍豪士打猎、游泳……而我却什么也没做……事实上，他也不是在那里无事可干，他不断地在增补他的讽刺作品。

拜伦塑像

拜伦的堂姐（即他暗恋的玛丽·嘉渥，现在已是马斯德士夫人了），一听到拜伦回来的消息，立刻邀请拜伦同霍豪士去她家。这次的造访，勾起拜伦许多伤痛的回忆，自然，这种纷乱和不安的情绪，又借着写诗而得到抒发了。

除了这件不开心的事外，还有一桩令拜伦伤心的事，那就是他的爱犬包茨威恩得了狂犬病，拜伦眼睁睁地看着它死去。根据摩尔的记录：“拜伦对狂犬病的情形近乎无知……很多次，当狗病发作时，他还用手去抹掉它嘴上的白沫……”这只狗死后，拜伦伤心透了，他特地为这只狗写了一篇墓志铭放在它的墓前，后来又把墓志铭刻在石碑上立于纽斯德的花园里。

这两件事发生后，拜伦更想马上离开英国了。在写给韩生先生的信中，他说：

我想去研究亚洲的政治和风俗习惯。我还年轻，还有光明的前途，我不想就这样放荡地过完一生……再说，即使我在六个月的航程中，用上十二个工人，所花费的费用也不过是800英镑而已，我想你也会同意。如果同样的情形，在英国生活恐怕要四倍以上的费用呢！

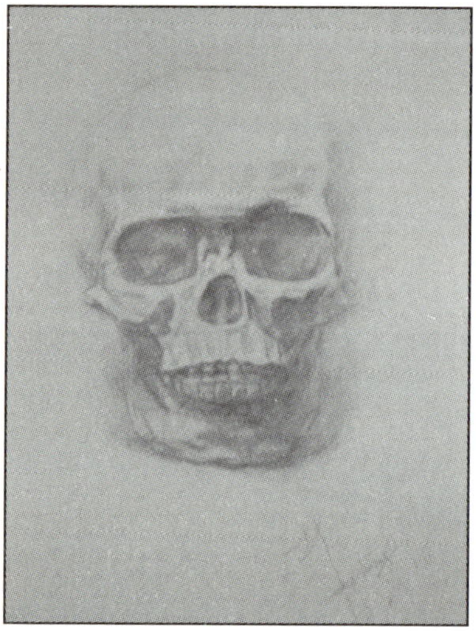

骷髅头酒杯

11月底，霍豪士离开了纽斯德，于是拜伦又邀请许多朋友来陪他，但是一个都没有来。正寂寞无聊时，他的园丁为他带来了一个从土里挖出来的骷髅，这正好可以替他解闷。他命匠人把这个骷髅头做成一个大酒杯，放置在一个银盘里面。工钱（拜伦一点也不操心，因为他还有更大数目的债要还呢！）17英镑17先令。

他为这件事写了一首诗——刻在骷髅做成的杯子上的诗：

不要害怕，不要以为我的灵魂已经飞逝无踪，看看我这个天下独一无二的骷髅！

从这里面流出来的，绝不是活人的脑汁，尽是一些枯燥无味的东西！

拜伦呆在纽斯德的这段时间，虽然因为朋友的离去而感到寂寞，然而，他却向人表示，他一直不缺乏女性的安慰。他雇了两个年轻的女仆来帮忙管理家务。他写信给朋友说：我雇用了两个人，这是因为其中一个较年轻的已怀孕（你也可以想象得到这是谁的成绩），我不忍心让她受苦。

虽然从表面上看来，拜伦是一个玩世不恭的人，可是，他对自己所做的事，却颇有责任感！拜伦每年供给这个怀孕的女仆 100 英镑（50 英镑给孩子的母亲，50 英镑归孩子），而且当这个孩子出世后，拜伦还写了一篇《给我的孩子》的诗，尽管他一点也不爱这个女仆。

拜伦再次到伦敦时，有两件事迫切需要办理妥当。一是出版他的讽刺作品，二是筹划进入国会的一切工作。他虽已写信给他的监护人卡力索伯爵，请伯爵出面替他介绍，免得他自己还要办理呈报身份证件等繁琐手续。然而，卡力索伯爵只是冷淡地告诉他一些申请的手续，并未出面替他介绍。拜伦觉得受了极大的羞辱，却也不得不按照一定的手续进行。同时，他购买了许多有关政治方面的手册和一些旧的记录。自然，他又欠书商一大笔债了！

拜伦的浪费一直令他的母亲坐立不安，她写信给韩生先生说：

> 我只希望上帝能帮助他脱离目前的境况，让他今年春天能和一位有财产的小姐结婚。
>
> 至于什么爱情的结合啦，那都是与实际生活毫无相干的。他应该利用上帝赋予他的才能，何况他还是一个英国的贵族呢！他有和贵族家庭小姐结婚的特权。

整个 1809 年的 2 月里，拜伦一面修改他将要出版的讽刺诗，一面等着去伦敦进入上议院的时刻赶快到来。

上议院延搁了接纳他的时间，使拜伦感到非常没有面子，因此，当仪式完毕，主席离座向他伸手表示欢迎时，拜伦只肯碰一下主席的手指头，然后故意坐到反对党的席位上去。不过，拜伦之所以这样做，除了生气外，也是由于他天生具有的反叛个性。拜伦就是不要让那位主席以为自己是和他同党的。此外，他害羞的个性，也常常导致他人以为他冷漠无情。

拜伦要出版的讽刺作品，已定名为《英国诗人和苏格兰的评论家》，可是，没有在封面上写出作者姓名。他因年轻气盛，毫不谦虚地对当代作家们大肆批评，他说他们和他所景仰的派普和德莱敦比较，不过是“缺乏智慧”的“骗子与笨人”；连他从小就爱读的摩尔的抒情短诗，也被他批评为“没有道德”。当然，他也趁机抨击《爱丁堡书评》的主编，以发泄自己的怨气。

拜伦发泄完自己的愤怒，又在国会争取到一席之地后，觉得可以准备出国了，于是便买了5月6日的船票，准备从英国南端的法尔茅斯出境，并且催促韩生先生尽快替他筹钱。他急着要离开英国的原因，到底是什么，到现在还是一个谜。他写给韩生先生的信中提到，他并不是因为出版了那本讽刺诗怕得罪人而要赶快逃离英国，“但是如果能够避免的话，我永远不想再回英国来住。为什么——这是一个秘密……”

背景知识

英国首都伦敦

英国首都伦敦位于英格兰东南部的平原上，跨泰晤士河，距离泰晤士河入海口88公里。

早在三千多年前，伦敦地区就是当时英国人居住的地方。公元前54年，罗马帝国入侵大不列颠岛。公元前43年，这里曾是罗马人的主要兵站，并修建了第一座横跨泰晤士河的木桥。当时伦敦被称为“伦底纽姆”。

16世纪后，随着英国资本主义的兴起，伦敦的规模迅速扩大。公元1500

伦敦桥是世界上最著名的和被摄影家们拍摄最多的大桥。它横跨泰晤士河，将伦敦和Southwark连为一体。

年，伦敦的人口不过5万，1600年人口增至20万，1700年增至70万，18～19世纪，伦敦已成为世界上最大的金融和贸易中心。1900年，伦敦的人口增加到200万。20世纪60年代伦敦人口曾达到800多万，2001年伦敦人口为718.8万。

伦敦的行政区划分为伦敦城和三十二个市区，伦敦城外的十二个市区称为内伦敦，其他二十个市区称为外伦敦。伦敦城、内伦敦、外伦敦构成大伦敦市。大伦敦市又可分为伦敦城、西伦敦、东伦敦、南区和港口。伦敦城是金融和贸易中心，西伦敦是英国王宫、首相官邸、议会和政府各部所在地。东伦敦是工业区和工人住宅区，南区是工商业和住宅混合区，港口指伦敦塔桥至泰晤士河河口之间的地区。整个大伦敦市面积为1580平方公里。伦敦受北大西洋暖流和西风影响，属温带海洋性气候，四季温差小，夏季凉爽，冬季温暖，空气湿润，多雨雾，秋冬尤甚。

伦敦是全国的政治中心，是英国王室、政府、议会以及各政党总部的所在地。威斯敏斯特宫是英国议会上、下两院的活动场所，故又称为议会大厅。议会广场南边的威斯敏斯特大教堂，1065年建成后一直是英国国王或女王加冕及王室成员举行婚礼的地方。

白金汉宫从1837年开始成为英国皇家王宫，专门服务于皇室，现在是英国女王的官邸。白金汉宫除了皇室成员居住外，还是官方活动和女王举办招待会的场所。

大本钟，或大笨钟(Big Ben)，即威斯敏斯特宫钟塔，是坐落在英国伦敦泰晤士河畔议会大厦北面的一座钟楼，镶有大钟，是伦敦的标志性建筑之一。

白金汉宫是英国王宫，坐落在西伦敦的中心区域，东接圣詹姆斯公园，西接海德公园，是英国王室成员生活和工作的地方，也是英国重大国事活动的场所。

白厅是英国政府机关所在地，首相办公室、枢密院、内政部、外交部、财政部、国防部等主要政府机构都设在这里。白厅的核心是设在唐宁街10号的首相府，它是英国历代首相的官邸。

伦敦不仅是英国的政治中心，还是许多国际组织总部的所在地，其中包括国际海事组织、国际合作社联盟、国际笔会、国际妇女同盟、社会党国际、大赦国际等。

伦敦是世界文化名城。大英博物馆建于18世纪，是世界上最大的博物馆，集中了英国和世界各国许多的古代文物。除大英博物馆外，伦敦还有著名的科学博物馆、国家画廊等文化设施。伦敦大学、皇家舞蹈学校、皇家音乐学院、皇家艺术学院和帝国理工学院等是英国的著名院校。伦敦大学成立于1836年，现设有六十多个学院。

在离伦敦城八公里的泰晤士河畔，有世界著名的格林尼治山，过去皇家天文台曾设于此。格林尼治设有地球经度的起点线，以此为起点，计算地理上的经度。伦敦其他著名的地方还有伦敦动物园、皇家植物园、特拉法加广场、牛津街、摄政街、蜡像博物馆等。

4月25日拜伦再次回伦敦，他一方面要打听他的讽刺诗的销售情形，一方面要为自己的旅费筹款。本来有一位梭布里奇先生要借给他6000英镑的；但是，因为没有谈妥，所以拜伦的行期又拖到了6月。他的讽刺诗销售情况还不错，于是，他忙着预备在第二版时增加一点内容，并且要在他出国之前把自己的名字也刊印在第二版的诗集上。

在等待的这段时间里，他到哈洛走了两趟。听说一个朋友在和人决斗时被刺死了，拜伦同情他的遗孀，偷偷塞了500英镑在她早餐用的杯子底下，不让她知道是谁给的。

为了旅途有伴，拜伦邀请霍豪士和麦修士同行，结果只有霍豪士在与父亲经过一番争吵后决定与他同往。身无分文的霍豪士，得到拜伦的承诺（现在他的债款已达13000英镑了），愿意负担他的一切费用。

6月19日，拜伦再也无法等待了。他会同霍豪士，带着所有的仆人和行李，往法尔茅斯出发。

拜伦从法尔茅斯写信跟母亲说：

> 我在英国已经完蛋了——至少在我的那块土地还能卖点钱之前是如此！而且，如果情况没有变动，我将到奥地利或俄国去，甚至到土耳其去当兵——如果我喜欢的话。世界在等着我，我离开英国绝无任何遗憾！除了去拜望您和看看我的住所外，我不再回去了。

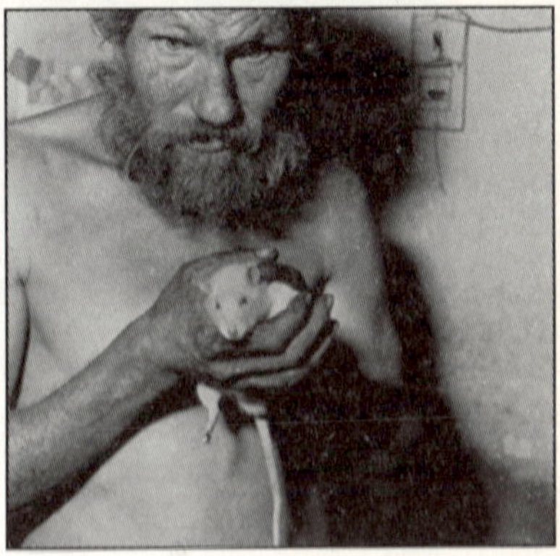

拜伦的作品《鼠人》

6月30日，在里斯本的一艘邮轮"伊丽莎白女王号"上，拜伦写了一封信附带有一首诗寄给霍积生，伪称船已开航，并且又遭到风暴侵袭。然而，这船一直到7月2日才开航。

他旅行的主要动机，似乎可以从他后来的一本名为《哈洛王孙游记》的诗中的第一篇找到一点暗示，而且，这首诗也忠实地记录着他旅行中所获得的一些新鲜经历和感受。

背景知识

里斯本

里斯本是葡萄牙共和国的首都，位于欧洲大陆的西南端。面积82平方公里。里斯本北面为辛特拉山。葡萄牙最大的河流特茹河流经里斯本南部注入大西洋。受大西洋暖流影响，里斯本气候良好，冬不结冰，夏不炎热。全年大部

里斯本是葡萄牙共和国的首都和葡萄牙最大的海港城市

分时间风和日丽，温暖如春，舒适宜人。

里斯本在史前时代就有人类定居。1147年，葡萄牙第一代国王阿方索一世夺取了里斯本。1245年，里斯本成为葡萄牙王国的首都和贸易中心。1755年全城三分之二毁于大地震，重建后的新城呈格子状布局。城市日益扩大，兴盛时为西欧大西洋沿岸各地与地中海区域间及东西方贸易的枢纽。

里斯本是全国的交通枢纽，是葡萄牙第一大港。港区延伸14公里，全国60%的进出口货物在这里装卸。里斯本市内交通以汽车和地铁为主。

里斯本是葡萄牙的文化中心。有著名的高等学府——里斯本大学，还有高等技术学院、音乐学院、艺术学院等。里斯本国家图书馆建于1796年，是全国藏书最丰富的图书馆。里斯本还有许多博物馆。

里斯本风光

《哈洛王孙游记》

离开法尔茅斯四天半后，他们抵达了葡萄牙的治格斯。拜伦的脑子里尽管充满了浪漫情趣，然而，他的胃却大唱反调，他晕船呕吐得很厉害。他对异国的风土人情十分欣赏，他在写给霍积生的信提过：

> 我很喜欢这里，因为我爱吃此地的橘子，还可以讲不合文法的拉丁话，而且——我还参加他们的社交活动（身上还挂着花）。我骑的不是驴子就是骡子，用葡萄牙语发誓，而且被蚊子咬了好几个疙瘩！

两周左右过后，他们又对葡萄牙生腻了。于是，他们决定骑马到西班牙

葡萄牙贝伦塔

的雪维和加第士去。等仆人和行李都用船运往直布罗陀后，他们自己才上路。他们听说西班牙境内有战争在进行，更觉得这次旅行非常刺激。

背景知识

葡萄牙

葡萄牙共和国，拉丁语意为“温暖的港口”，地处欧洲西南部，领土还包括大西洋上的海外领土亚速尔群岛和马德拉群岛。

葡萄牙面积约为92072平方公里，位于欧洲伊比利亚半岛西南部。东、北与西班牙毗邻，西南濒临大西洋。海岸线长800多公里。地形北高南低，多为山地和丘陵。北部是梅塞塔高原；中部是山区，平均海拔800米～1000米，埃什特雷拉峰海拔1991米；南部和西部分别为丘陵和沿海平原。主要河流有特茹河、杜罗河（流经境内322公里）和蒙特古河。北部属海洋性温带阔叶林气候，南部属亚热带地中海气候。

公元1139年，来自葡萄牙凯尔（以波尔多为中心的领地）边境的贵族阿方

葡萄牙里斯本伯爵广场

索·亨利克斯(阿方索一世)宣布独立，并自称是第一任葡萄牙国王。

1143年，一个独立的君主制国家葡萄牙，在光复领土的战争中应运而生，并且得到了罗马教皇的承认，这是欧洲大陆上出现的第一个统一的民族国家。

葡萄牙如今的版图成型于1249年的国王阿方索三世统治时期。

1986年，葡萄牙加入欧洲共同体(也就是现在的欧盟)。现今的葡萄牙仍致力在经济上赶上其他的西欧国家。

1999年葡萄牙的经济成长率达3.5%，这几年在公共建设方面亦有颇多进展。重生的葡萄牙在后殖民地时代扮演一个全新的角色，前几年都在协助过去的殖民地安哥拉及东帝汶寻求和平。

1999年12月20日葡萄牙同意放弃最后一个殖民地——澳门，将它交还给中国，以结束四百四十二年的统治。

抵达雪维革命军的总部所在地后，他们找不到一处住的地方，只好和两个还没有结婚的女人挤在一张小床上过夜。霍豪士不停地抱怨，可是拜伦却觉得很有趣。他在写给母亲的信中说：

这两个女人当中一个年纪比较大的，在分手时，紧紧地抱着我（我们只不过在一起三天而已！）并且剪下我和她的头发（约有三寸长），我把她的头发寄给你，请你替我保管到我回来为止；她还说愿

葡萄牙风景

意分给我一个房间居住，但是我的“原则”使我婉拒了她。

拜伦对西班牙颇有好感，他写信告诉霍积生说：

这里的马很棒——我们每天大约要骑上七英里；我们只能吃到蛋和酒，睡在硬板床上，…… 不过，我的健康状况比在英国时好得多了！

后来他在写《唐璜》时，说雪维（唐璜的出生地）是“让人感到愉快的一个城市，以橘子和女人著名……”

到了加第士，他被壮丽雄伟的斗牛场所吸引，在他所写的《哈洛王孙游记》一书中，曾用十一行的诗来描述；不过，他对这种残忍的斗牛表演产生反感，特别是看到牛被刺死前那种挣扎跳跃的情形。

他在信中对霍积生说：“加第士这个城市，我相信是全欧洲最美最干净的了！比较起来，伦敦真脏。”在离开加第士时，他还和一位西班牙海军上将的女儿有过“一面之缘”。

诗人拜伦的签名

他写了一首“加第士的女孩”的诗，来纪念这件事：

英国少女难追得，
追到才知太呆板，
纵有花容与月貌，
嘴儿不甜太没趣。
唯有西班牙小妞，
既是多情又漂亮。

然而，拜伦又私下向人表示：“西班牙的少女真是迷人，不过她们只想一件事………”

拜伦一行人等行李从葡萄牙运到后，立即搭乘往马耳他的船。8月15日，当他们从直布罗陀起航以后，有一个乘客的记录上说：“霍豪士很快地和船上的乘客打成一片，拜伦却因为要保持自己的身份而远远地离开人群……”三天后，拜伦虽然白天也和船上的乘客交往，但到夜晚以后，却是郁郁寡欢。原来，他所喜欢的一个男仆罗勃·罗士敦已经离他而去了。

拜伦在离开英国前曾手拟了一份遗嘱，吩咐要在自己死后付给罗士敦每年25英镑（如果老管家乔·慕雷死了，亦增加25镑给他）。在他这篇十分

马耳他

凄惨的遗嘱中，他还写着：愿意将他的图书送给好友克雷，所有的土地财产给霍豪士和韩生先生，每年500英镑给他母亲。并且他希望死后能埋葬在纽斯德庄园的地下墓穴里；而且不愿意太铺张，墓碑上只要刻上死后日期和他的名字的缩写便够了；当他的墓碑竖立在那里的时候，也不准把他的爱犬的墓碑移走——立在他的旁边就好。

到了马耳他，拜伦遇到了一位美丽的贵妇康丝妲·史班赛·史密斯。她是奥国驻康士坦丁堡大使的女儿，已嫁给一位英国驻港口的大臣。因为她的丈夫很崇拜拿破仑，所以常常必须要躲开政治的纠纷。

拜伦从未与社会地位相当的女人交往过（在英国，他只和乡下姑娘、芭蕾舞娘、女仆有过风流韵事），和史密斯夫人这样的女人交往算是头一回。

霍豪士以为拜伦又逢场作戏，然而拜伦在给朋友的信中却透露：

> 在1809年的秋天，我在地中海被一份永恒的热情所捕捉……本来我们要私奔，然而，被法国军人破坏了一切……她要我再等她一年，我告诉她，现在就是时候……

9月19日，拜伦和霍豪士趁着有一艘战舰要护送商船到巴翠士和匹维莎之便，搭乘这艘英国战舰前往希腊。战舰乘风破浪而行，越接近希腊，拜伦的心中越感兴奋。当战舰要在巴翠士停泊片刻时，拜伦为了踏一踏他所向往的希腊土地，还下船来和霍豪士一起在岸上练枪法。船继续开往匹维莎，途中，他们看到北方有一个小镇——麦索隆基，命运之神似乎已为拜伦安排了他十五年后的葬身之所，而拜伦当时却不知道他所看到的是什么。

背景知识

希　腊

希腊共和国。

自然地理：面积约13.2万平方公里。位于巴尔干半岛最南端。三面环水，西南濒爱奥尼亚海，东临爱琴海，南隔地中海与非洲大陆相望。境内多半岛、岛屿。最大半岛为伯罗奔尼撒半岛，最大岛屿是克里特岛。境内多山，奥林匹斯山在希腊神话中被认为是诸神寓居之所，海拔2917米，是全国最高峰。

希腊风光

属亚热带地中海型气候，冬温湿，夏干热。平均气温冬季6℃～13℃，夏季23℃～33℃。年平均降水量400毫米～1000毫米。

人口：1110.39万（2005年6月），其中98%以上是希腊人。外来移民超过100万，来自阿尔巴尼亚的移民最多。官方语言为希腊语，国教为东正教。

首都雅典(Athens)：人口370万，最高气温33℃，最低气温6℃。

简史：希腊是欧洲文明的发祥地，公元前2800至前1400年，克里特岛和伯罗奔尼撒半岛先后出现了米诺斯文化和迈锡尼文化。公元前800年形成了数以百计的独立城邦。雅典、斯巴达、底比斯等是其中较发达的城邦。公元前5世纪为希腊鼎盛时期。1460年希腊被奥斯曼土耳其帝国统治。1821年3月25日，希腊爆发反土侵略军的独立战争，同时宣布独立。1829年9月24日，土军全部撤出希腊。第二次世界大战期间，希腊被德、意军占领。1944年全国解放，恢复独立。1946年国王复位。1967年4月军人发动政变，建立了军人独裁政权。1973年6月废黜国王，确立共和制。1974年7月军政府垮台；11月举行议会选举，新民主党获胜并执政；12月举行公民投票，确立国家政体为共和制。

旅游：丰厚的文化底蕴、旖旎的自然风光使希腊的旅游资源得天独厚。这里有一万五千多公里漫长而曲折的海岸线，港湾交错，风光迷人。三千多个岛屿星罗棋布，宛如璀璨的珍珠镶嵌在蔚蓝的爱琴海和地中海上。这里阳光明媚充足，

希腊帕提农神庙

海滩沙软潮平，吸引着世界各地的游人。

数不胜数的名胜古迹是希腊一道亮丽的人文景观。雅典卫城、德尔菲太阳神殿、奥林匹亚古运动场遗址、克里特岛迷宫、埃皮达夫罗斯露天剧场、提洛岛上的阿波罗宗教城、维尔吉纳马其顿王墓、圣山等，使人流连忘返。漫步其间，人们会有置身于神话世界、回到荷马史诗时代之感。

文化：城邦的繁荣催生出希腊璀璨的古代文化，使古希腊文化在世界文化艺术殿堂中熠熠生辉。无论是在音乐、数学、哲学、文学，还是在建筑、雕刻等方面，希腊人都曾取得巨大成就。不朽的《荷马史诗》，众多的文化伟人，诸如喜剧作家阿里斯托芬，悲剧作家埃斯库罗斯、索福克勒斯、欧里庇得斯，哲学家苏格拉底、柏拉图，数学家毕达哥拉斯、欧几里德，雕塑家菲迪亚斯等。希腊还是奥林匹克运动会的发源地。

古希腊

古希腊的地理范围，除了现在的希腊半岛外，还包括整个爱琴海区域、北面的马其顿和色雷斯、亚平宁半岛和小亚细亚等地。公元前5、6世纪，特别是希波战争以后，经济生活高度繁荣，产生了光辉灿烂的希腊文化，对后世有着深远的影响。古希腊人在文学、戏剧、雕塑、建筑、哲学、自然科学等诸多方面有很深的造诣。这一文明遗产在古希腊灭亡后，被古罗马人破坏性地延续下去，从而成为整个西方文明的精神源泉。

早在古希腊文明兴起之前约八百年，爱琴海地区就孕育了灿烂的克里特文明和麦锡尼文明。大约在公元前1200年，多利亚人的入侵毁灭了麦锡尼文明，希腊历史进入所谓“黑暗时代”。因为对这一时期的了解主要来自《荷马史诗》，所以又称“荷马时代”。在荷马时代末期，铁器得到推广，取代了青铜器，海上贸易重新发达，新的城邦国家纷纷建立。希腊人使用腓尼基字母创造了自己的文字，并于公元前776年召开了第一次奥林匹克运动会。奥林匹克运动会的召开标志着古希腊文明进入了兴盛时期。公元前750年左右，随着人口增长，希腊人开始向外殖民。

古希腊神话是原始氏族社会的精神产物，是古希腊人集体创造的，也是西方世界最早的文学形式，大约产生于公元前8世纪以前。它在希腊原始居民长期口耳相传的基础上形成基本规模，后在荷马、赫西俄德等人的作品中得到充分反映。它产生和反映的地理位置是西起希腊半岛，东至小亚细亚半岛，南到克里特岛的广大爱琴海地区。希腊神话是一个广阔浩繁的系统，支脉派系庞杂，传说故事众多，并不完全一致。但它具有明显的家族色彩，包孕着一条血缘的纽带，存在一个基本脉络，大体可分为神的故事和英雄传说两大部分。

希腊神话是在漫长的历史时期内逐渐形成的，神的性格和职责以及故事情节都有发展变化。可以说古希腊神话是整个西方文学的源头，后世几乎所有的作家都曾从古老的神话中汲取养分。

拜伦身着阿尔巴尼亚服装的画像

拜伦他们到达匹维莎时，当地正下着大雨，霍豪士对这块阿尔巴尼亚人的土地没有多大的好感，等天气放晴了以后，他们便动身往杰尼那前进（希腊名为：爱奥尼亚，当时是占领阿尔巴尼亚的阿里·巴夏的首府）。拜伦和往常一样，又是大箱小箱地起程了。

10月5日，他们终于到了杰尼那（在品度山的山脚下，风景十分美丽），一进城就看到一个手臂和半个身子被砍断的人，悬挂在一棵树上。等他们向驻在当地的英国军官里克上校报到时，他们很惊讶地发现，有人已知道他们要来的消息，并且安排他们住在一个会说意大利语的希腊人尼可洛家里，随后，又安排他们去见阿里·巴夏。等候见阿里·巴夏的数天之内，拜伦在当地的裁缝店订制了一套阿尔巴尼亚人的服装。数天后的一个日落时分，他们终于被引领去见阿里·巴夏。这时，阿里·巴夏刚征服了希腊的西部（从哥林斯湾到中阿尔巴尼亚）。阿里·巴夏对拜伦一行格外客气，也许是他刚获得消息说英国军队从法国军队手中夺下邻近好几个岛屿的关系吧。然而，拜伦却认为是他的爵爷地位使他受到了礼遇！穿着全套阿尔巴尼亚服装的拜伦，被阿里·巴夏的风采所吸引。阿里·巴夏是一个残酷的统治者，他的残酷，后来出现在拜伦的《东方传奇中的一位性情浪漫的恶霸》一书中。

拜伦告诉他的母亲：

> 阿里·巴夏在一间铺满大理石的大屋子里接见我。屋子中间有一座喷泉，四面都挂满了缎子帐幕，他站着迎接我，这是回教徒至高的礼节，然后要我在他的右边。……他说他可以看出我是一位有身份地位的贵族，因为我有小小的耳朵、卷卷的头发、细细的手指；他也表示非常欣赏我的装扮，他叫我把他当成自己的父亲，因为他对我就像对自己的亲生儿子一样。
>
> 事实果真不错，他真的把我当个小孩一样，一天二十几次送杏仁、糖果、水果来给我。而且，晚上他有空的时候，还常常叫我去拜访他！

10月底左右，拜伦带着阿里·巴夏的祝福，和一位阿尔巴尼亚人瓦士力（后来一直很忠心地跟随他）离开了阿里·巴夏的辖区。

在这一次旅途中，他开始作一首自传式的诗，诗的内容在回顾他自己的冒险经历，运用史宾塞的诗体结构写成。他本来将此书定名为《查德·伯南的游记》，后来又改名为《哈洛王孙游记》。以后，每次在旅途中休息时，他就不断地添加这本书的内容。

逐渐适应了东方旅行的拜伦，在11月3日，又带着仆从和霍豪士搭乘阿里·巴夏暂借给他们乘坐的一艘舰艇。可是，阿里·巴夏的人却没有一个会开船，海上风浪很大，拜伦描述那时的情形：

> 一个乘客跟着妻子大声地叫着，希腊人向所有的神祈求，回教

阿尔巴尼亚风光

徒拼命叫着，船长大哭起来，在甲板下没命地乱跑；帆裂开了，主桅也摇摇晃晃；夜深了，一片漆黑……我披上阿尔巴尼亚的斗篷，躺在甲板上静待情况的发展。幸好，有几个在船上的希腊人控制了大势，船才在苏利的一个地方抛下锚！

他们决定不再信任阿里·巴夏的船员，而愿意冒着被强盗抢劫的危险走山路到麦索隆基。随行的还有五十名阿里·巴夏派来的卫兵，他们吃着烤羊肉，围着火，唱着阿尔巴尼亚的民歌，翩然起舞。这些从前是强盗的卫兵，给拜伦带来不少写诗的灵感，自然，他们也被放在拜伦的游记里了。

他们终于在11月20日抵达麦索隆基。这是个“貌不惊人”的城市，而拜伦在诗或信中，一次也没有提起过这块后来成为他安眠之所的土地！

拜伦雇用了一个会说当地语言的希腊人安得力，然后渡过哥林斯海湾，经过了种满着橄榄树的山谷，到了卡斯屈（古代希腊神庙特耳菲的所在地）。虽然当时仍有一些古希腊神庙和剧场尚未被挖掘出来，但是，他们看到了卡士底里安泉，在古希腊体育场的旧址看到了巴拿及亚修道院，还在入口的圆柱上刻上了自己的姓名。

圣诞节傍晚，拜伦等一行人穿过橄榄树丛，到了他梦寐以求、渴望一见的雅典。但是，当地并没有旅馆或歇脚的地方，所以他们只好借住在达西亚·

麦可莉太太——一位希腊驻英领事的遗孀家。

当时的雅典有一万名左右的土耳其人，希腊人和阿尔巴尼亚人则混居在一万多栋的房屋里，这是四面以围墙围住的城市。拜伦到了雅典，第一个愿望是想遍访雅典的古迹。

花了三周左右的时间，他们已把雅典周围的古迹浏览完毕。

说实在的，拜伦对这些古迹除了伤感外，还非常失望。我们可以从他的《哈洛王孙游记》一书中的第二篇前文中，看出这种情绪。他为以前那些美好的东西，如今逐渐地失去它吸引人的特质而惋惜！他面对着“雅典娜女神”询问道：

你那坚强的勇士特质何处去了？
勇敢的战士为何失去了踪影？
逝去的——仿佛昙花一现……

直到有一次拜伦和一位英国贵族雇用的意大利画家，一起去看一批即将被运回英国当做绘画资料的石雕像时，他才感受到希腊文化的博大精深。于

雅典城市风光——拜伦雕像

是，他立即兴起要保卫这些希腊文化财产、严厉地谴责那些自私贵族的念头。无疑的，他这种关怀、保护艺术文化的热忱，在拥护希腊独立运动的人们心目中产生了很大影响。他们对拜伦有着英雄式的崇拜。拜伦似乎也预知日后希腊人必定能光复失地，保全自己宝贵的文化遗产。（1924 年，哈洛·尼克逊曾呼吁大英博物馆归还当年从希腊运往英国的石雕。）

希 腊

拜伦在二十二岁生日的那天，终于看到了帕特农神庙的伟大景观：那耸立在悬崖峭壁上的神庙，下面就是蔚蓝的海水和碧绿的草原。

背景知识

雅 典

雅典是世界上最古老的城市之一，有记载的历史就长达三千多年。现在雅典是欧洲第八大城市。雅典是希腊的首都，是希腊经济、政治和文化中心，也是欧盟商业中心之一。城市的面积为 39 平方公里，加上郊区为 412 平方公里。

雅典位于希腊半岛东南的阿蒂卡平原。西北和南面临科林斯湾和萨罗尼克湾。东北西三面山地环抱，山麓地带接近城市边缘。

希腊爱琴海

雅典的气候条件：雅典属于典型的地中海气候，7月和8月是一年中最炎热的时期。奥运会举行的8月份的白天平均温度为29℃～35℃，温度最高时甚至可连续数日达到40℃。8月份的平均湿度为47%，是一年中最干燥的时期，月降雨量仅7mm。此期间的风力会达到7级，风向通常为北风。

据说雅典是以传说中的智慧女神雅典娜的名字命名的。整个市区的东北部，是政治文化区，西南及港口一带是工商业区。雅典位于东地中海各国航运与航空中心。外港比雷埃夫斯海轮云集，几乎全国的对外贸易都在此进出。城市饮水则由远自东北的马拉松水库供应，那里有世界少见的大理石水坝。雅典是希腊的古文物中心，至今仍保存着很多古代文化遗址，雅典的博物馆世界驰名。雅典山海掩映、阳光璀璨，每年有七百多万世界各地的游客慕名前往。

拥有三千多年建城历史的雅典，历史遗迹非常丰富。雅典的著名景点有：希腊民俗艺术博物馆、希腊国立考古博物馆、无名战士纪念碑、卫城、哈德良拱门、古安哥拉遗址、奥尼索斯剧场、贝纳基博物馆、拜占庭博物馆、奥林匹亚宙斯神殿。

古雅典是一个强大的城邦，是驰名世界的文化古城。雅典是哲学的发源地，是柏拉图学院和亚里士多德的讲学场所的所在地。苏格拉底、希罗多德、伯里克利、索福克勒斯、阿里斯托芬、欧里庇得斯、埃斯库罗斯，以及其他著名的哲学家、政治家和文学家都在雅典诞生或居住过，雅典也因此被称作“西方文明的摇篮”和民主的起源地。古代雅典在文化和政治上的成就对欧洲及世界文化产生了重大影响。

希腊古安哥拉遗址景区

雅典至今仍保留了很多历史遗迹和大量的艺术作品，其中最著名的是雅典卫城的帕特农神庙，是西方文化的象征。

雅典是奥运会起源的地方，1896 年曾举办过第一届夏季奥运会。2004 年，第二十八届夏季奥林匹克运动会也在雅典举行。

他下一个目标是要去看西元前 490 年雅典人击败入侵的波斯人的古战场——马拉松平原。拜伦也作了诗来纪念：

山，俯视着马拉松，
马拉松，面对着海。
我在这里沉思静坐，
思忖着——
希腊将有独立的一天！

拜伦对当时的希腊人印象极佳，在麦可莉太太家也常常有舞会交际的机会。麦可莉太太的三个美丽女儿中，拜伦尤其喜爱麦可莉太太的小女儿泰莉莎，他对她的感情，使他能够从康丝妲·史班赛的爱情中稍微获得喘息的机会，他说：“（史班赛夫人）迷符已解除，不再吸引我了！”

希腊帕特农神庙

尽管拜伦喜欢希腊的一切，但他没有忘记要去波斯和印度的决定。正巧有一艘英国船要去士每那，拜伦就抓住这机会，和霍豪士整好行装待发。也许他还有点舍不得离开那位可爱的希腊少女吧，所以在离开之前，还写了一首诗：

可爱的雅典少女，
在我们分手前，
哦，还给我——
把我的一颗心还给我吧！

拜伦从来没有像这样依恋难舍地离开一个地方，也从没有发觉过令他这么喜欢停留下来而不想离开的地方。离开雅典时，他正被一股浓浓的离愁侵扰着。

虽然他曾不客气地批评希腊人，但却并未减少他对这个民族的敬佩。他说："我喜欢希腊人。虽然他们在异族的侵略下变得非常懦弱，失去了奋斗的勇气；可是，他们中的很多人还是勇敢的。而且，每个希腊人都是美丽的……"

对东方人的看法

拜伦一行到了士每那，就暂住在当地英国领事的家中，等待去君士坦丁堡的机会。此时的拜伦似乎对前途感到彷徨，他写信给母亲说："我越走越远，就越来越懒，每天都昏昏沉沉的！"其实拜伦之所以如此，一方面是由于他终日回想着过去的事，另一方面是由于东方的气候以及他们缓慢的生活步调对他所产生的影响。事实上他并未像他信中所描述的那么懒散，因为，他一直在写《哈洛王孙游记》。

背景知识

君士坦丁堡

君士坦丁堡是伊斯坦布尔的古称，曾是东罗马帝国（拜占庭帝国）的首都。

君士坦丁堡位于巴尔干半岛东端，临博斯普鲁斯海峡，扼黑海门户，当欧、亚交通要塞，战略地位十分重要。它是古希腊的移民城市，希腊称拜占庭，公元

依山傍海的君士坦丁堡

前660年为希腊人所建。但是在君士坦丁之前的罗马帝国时代，它却一直未受到应有的重视。罗马帝国皇帝君士坦丁大帝重建并扩建了拜占庭，并于公元330年宣布迁都拜占庭，改名为君士坦丁堡，意谓“君士坦丁之城”，别称“新罗马”。从此，这个城市开始了它辉煌的千年历史，君士坦丁的名字与这个城市融为一体，直到1453年。

世界十大古都——君士坦丁堡

公元395年，东西罗马帝国正式分裂，君士坦丁堡作为东罗马帝国（拜占庭帝国）首都，成为地中海东部政治、经济、文化中心。君士坦丁堡1453年4月初被土耳其的军队围困，5月29日穆罕默德二世的军队攻入城内，君士坦丁堡陷落，拜占庭帝国（东罗马帝国）灭亡。君士坦丁堡为奥斯曼帝国占领，并成为奥斯曼帝国首都，更名为伊斯坦布尔，直到1922年。

他对东方人的看法是：

我觉得他们和土耳其人并无多大分别，他们穿长袍我们穿短衣；我们爱说话他们比较沉默，仅此而已……

除了报道这些旅行中所见的新奇事物外，拜伦还写下了对自己的期望：

我们在国外已将近一年了，我也希望在这些绿意盎然的地方，多看看那些与国内不一样的景色……等我回去后，希望你会发觉我和以前已不相同——不是体型方面，而是态度、气质方面的改变。因为，我开始了解：在这世界上，只有本着“道德”而为，才行得通……我希望回去以后，能远离那些使我败坏的朋友、酒和荒淫，专心在政治和社交方面去求发展……

1811 年 5 月 13 日的下午 2 点，他们从烟雾中看到处处都是回教寺的尖塔和柏树的君士坦丁堡。第二天中午，他们登岸并经过苏丹王的宫墙。他们还在墙外看到两只狗在噬咬一具死尸。然后，他们到英国驻君士坦丁堡大使罗勃·艾迪耳家去。

拜伦对土耳其没有多大好感，他极端厌恶土耳其草菅人命和独裁的政府。而且，比较起来，在希腊时他们还能与当地人来往，可是，在土耳其却没有一点机会。虽然土耳其的苏丹王也邀请他们去参加王宫的宴会，但拜伦觉得似乎并没有像在阿里·巴夏的王宫那样受到重视。不过，据当时另一位英国人说：“苏丹王对这位英俊的英国贵族，似乎有极大的兴趣！”

7 月 14 日，拜伦再度回到雅典，虽然此时雅典的气候十分炎热，但拜伦还是觉得比在土耳其愉快多了。他回到麦可莉太太家，但却发现一切都改变了，于是他把所有的行李和家仆都迁往卡布钦修道院，因为麦可莉太太拼命要把女儿泰莉莎嫁给他（泰莉莎后来嫁给了布列克先生，她曾因在拜伦的诗中被称为“雅典少女”而名噪一时）。

有证据显示，拜伦此时恢复了在伦敦那种放纵情欲的日子，原因也和以前大致相同——无法获得绝对完美的爱情，也不期盼再去追求，而且对自己的前途（不能符合他幼年时的梦想）感到灰心丧气。

他曾对霍豪士表示：

我的生命，除了片刻的时间之外，只是无聊、无聊………我也出来看过了这世界最古老的部分。我浪费了生命，也享尽了各种荣华富贵，现在，我已没有什么企盼。也许，我正考虑用什么方法能走出这个世界……我希望能找到使苏格拉底致命的那种毒草……

他写给母亲的信中却说：“我的经历足以使我成为世界公民……”

另一方面，拜伦心中却酝酿着一种新的思想——他极盼望希腊能成为一个独立的民主国家。他仔细观察过人民的情形后表示："……希腊人并没有失去希望，只是，他们意见分歧太大了！"

在《哈洛王孙游记》一书中，他写着：

> 雅典——除了这个名字具有魅力外，凡是喜欢艺术和自然的人，都会尊崇这个地方。这里的气候，至少对我来说代表着永恒的春天。雨很少，雪也不曾覆盖过平原，偶尔的阴沉天气还颇令人满意。

当然，拜伦所谓的"气候"，自然不仅指天气而已，也包括了当地的人民、土地、风俗。而且，只有在当地生活过一段时期的人，才能了解他所谓的"气候"是怎样一回事。对于来自寒冷以及浓雾密布的英伦的他来说，阳光普照、绿意盎然的希腊，可说是东方风土人情的一种象征。

他曾说过："如果我是一个诗人……希腊的空气就是使我成为诗人的原因……"

回到英国

1811年的春天，由于种种因素，他不得不考虑回英国，他的健康情形也是其中的一个理由。7月14日，是他从法尔茅斯离开英国后的两年又十二天，他再度回到了英国土地。当初他离开英国，曾假设自己成为一个世界公民后的种种情况，而这次的旅行，不但证实了他的想法，并且也帮助他观察到"这个又挤又小的岛屿（指英国）"的人们的偏见和执著。这是运用他"对其他国人的生活方式和经历的认识"来下断言的。

拜伦回国后，就忙于办理一些事务和会见朋友，旅途中的忧郁也跟着一扫而空。

经由朋友的介绍，拜伦同意将自己的诗集委托给舰队街32号的约翰·马雷出版；然而，拜伦仍不愿意让自己的名字刊在上面。在1811年之时，马雷就以自己的判断力和进取精神，成为一位著名出版家了。他联系了许多当代名家，为他们出版作品。

拜伦一面进行出版诗集的工作，一面处理债务；然而，不可想象的是，他的欠债却越还越多。

1811 年 8 月 1 日左右，他突然得到母亲生病的消息，不得不放下一切。不过他没有立即回纽斯德去，一方面是因为和父亲有相同的想法，认为和母亲“保持一些距离”比较能够相处；另一个原因是，他必须向韩生先生借 40 英镑，始能成行（因为他已身无分文）。不料，动身前却有仆人来通报说：他母亲已经逝世了。

当时，拜伦并没有很强烈的反应，但是，回到纽斯德后，一种失落的感觉立即侵袭着他。一个女仆发现他在阴暗的屋子里，面对母亲的遗物深深地叹息。他哭泣着说：“啊！妈妈，您是我在世上仅有的一个真正朋友，可是，您却已经去了！”

拜伦在整理母亲的遗物时发现，母亲收集了许多有关批评他诗集的资料和诗集出版的广告，在这些资料旁边还有母亲所作的评论。这些资料可以证明，她当时必定为儿子的成就感到非常骄傲。

为了填补这份空虚，他又将精神放到诗集的出版上去。马雷先生对出版他的诗集有两点要求：一、《哈洛王孙游记》中，有一些宗教观念与当时的情况不符合，必须修改。二、作者的名字必须印在诗集上。

对于第一点，拜伦做了某种程度的让步，他将诗中所提到的宗教方面死后的永恒，改为“假设”语气：

然而，如果基督教徒果真相信，
在那黑色的平原以上，
有一个灵魂的天堂……

至于第二点，拜伦觉得那样会揭露出他心里太多的秘密，况且，他担心早期对他的讽刺作品不能接纳的批评家，可能又要对他的诗集加以抨击了。另外，他也逐渐了解，人们必定会追究这书中主角所影射者为谁，因此，他不太情愿接受马雷先生的第二点建议。

这时候，他突然听说，他在剑桥时所喜欢的那个合唱团的男孩艾德斯敦早在 5 月时就已经去世了。他的忧伤除了寄情诗集外，也只能向好友霍豪士吐露心声了：“现在我的情绪非常坏！也不知道怎么说，你记得在剑桥时的艾德斯敦吗？他死了——在5月的时候……”最后，他为了纪念艾德斯敦，就在《哈洛王孙游记》一书中，补写了几行诗：

哎，你——
你的爱和生命一并飞逸，
也同时带走了我的爱和生的意义！

有一件事情恰巧在此时发生，帮助他脱离了悲痛的阴影。一位爱尔兰的名作家汤姆士·摩尔（也就是在拜伦的作品《英国诗人和苏格兰的评论家》一书中，被批评为“没有道德”的这位作家）因为气不过拜伦对他的批评，向拜伦下了挑战书，可是，这封信却被别人藏了起来。

摩尔听说拜伦已回到英国，于是又写了第二封信，但是因为自己刚结婚，所以只表示，如果拜伦能有合理的解释，那么，他愿意与拜伦见见面，认识认识。经过书信往返商议后，他们俩决定在另一位作家，也是摩尔的好友罗杰士的家中会面。

这次的会面出乎意料地融洽。拜伦除了见到摩尔的庐山真面目外，还有幸认识了当时他所推崇的作者，如汤姆士·坎培尔、吉福等人。而这些作家也对拜伦的外貌和彬彬有礼、谦恭的态度，留下了深刻的印象。

不过，当日还是出现了一些尴尬的场面，因为拜伦正在节食，对他们所预备的点心饮料等，一点也不能入口，而罗杰士一时又拿不出拜伦所能吃的东西，于是拜伦只好将马铃薯捣碎了蘸着醋吃起来。等到话题转向文学题目时，尴尬的场面就自然化解了。拜伦也从此和这些作家们结为朋友，而摩尔在拜伦向他保证对他并无敌意后，也与拜伦结为莫逆之交。

虽然拜伦也想在文学上有所发展，可是他真正的目标却是要在国会中崭露头角，这也是他到东方去旅行的原因之一。可是，他虽对一些基本的人权有些认识，并且也有充分的信心能在国会上滔滔不绝地发言，不过，他对实际的议会程序和众人所关心的议案却没有深刻的了解。同时，他也面对着一种矛盾的情况：他的好友如霍豪士、戴维士等都是平民，拜伦既同情平民的处境，也忘不了他在未成为贵族以前的一些经历；然而，身为一个贵族，他还是向往能得到同等社会阶级者的认同。

由于罗杰士和摩尔的提携，拜伦在伦敦的文学界逐渐有名起来。他也深深了解，自己当时所写的文学批评，的确是年轻气盛、冲动并充满了主观的意识。

现在他的名声似乎与《哈洛王孙游记》离不开关系了。本来这本书是预定3月1日（1812年）出版的，可是马雷却故弄玄虚，将它拖到10日左右，在这期间，还大登广告并制造新闻。正式发售后，还不到三天的工夫，第一版发行的（四开本）五百本书竟销售一空。拜伦也在一觉醒来时，发觉自己已经成名了。

《哈洛王孙游记》是拜伦的代表作。在他的长诗里，塑造了一批“拜伦式的英雄”。这种英雄的特征是孤傲、浪漫，却充满了反抗精神。他们的内心充满了孤独与苦闷，却又蔑视群小。哈洛王孙是拜伦诗歌中第一个“拜伦式的英雄”。

盛名之累

伦敦社交圈有一位活泼大方、性情却反复无常的名女人叫卡洛琳·兰姆。她在七年前嫁给墨尔本爵士的第二个儿子，并且已生有一子。她极富青春活力，并且十分敏感，虽然已经结婚生子，可是仍保有少女的纯洁和天真气息；她没有受过什么正式教育，但却天生聪慧，能写诗也会作画。她久闻拜伦的名声，十分仰慕，但苦无见面的机会。

有一天，罗杰士到她家去拜访，递给她一本《哈洛王孙游记》，并且说：“你应该认识这位新的诗人！”不过，罗杰士又警告她说：“这个人不但脚跛，还常咬自己的手指……”但是卡洛琳读过拜伦的书以后，说：“即使他像伊索寓言的作者那样丑陋，我也想认识他。”

可是，她第一次见到拜伦时，却不肯上前去与他谈话。可能是因为当时已有一群妇女包围着拜伦，所以她不愿意和她们一样去逢迎吧。

正由于她不愿去趋奉拜伦，反而引起拜伦对她的兴趣。因此，不久后（可能是她的主意），她终于在厚兰夫人家中和拜伦初次结识了。对拜伦来说，这是一种新鲜的经历，因为以前在他身边包围着的，尽是一些社会地位比他低、仰慕他、奉承他的女人；而现在他却面对着一位社会地位相等、知识又相当的社交界名女人。这对他来说，实在非常的刺激。而卡洛琳呢？她已完全被拜伦的风采所迷惑了。

根据罗杰士的记载："……她向拜伦保证，如果他需要金钱的支助，她所有的珠宝都可以任他取用；而且，如果拜伦去参加她未被邀请的宴会，她甚至愿意在街角等候拜伦，直到宴会结束。"罗杰士很感慨地说："年轻，加上有诗人的头衔和爵位，还有到过希腊的浪漫经历，使得世界上很多人都为哈洛王孙——拜伦而疯狂。"

拜伦第二次赴卡洛琳的约会时，见到卡洛琳的一个从乡下来的表妹安娜贝拉·密尔使克。可能当时拜伦曾十分注意她，因而引起了卡洛琳的嫉妒。这个乡下来的姑娘暗恋拜伦已有很长一段时间了，她很天真地把自己的习作诗交给卡洛琳，托她转给拜伦，请拜伦指导。

卡洛琳将安娜贝拉的诗交给拜伦时，心中以为拜伦不会有什么反应；不料拜伦却坦白地向卡洛琳表示了他的看法：她的确是一个很特别的女孩，真想不到，在她那单纯的面貌下居然会有这种坚强而又丰富的思想；不过，我却没有想和她见面认识的欲望！……她太纯洁、太完美、太好了！我这个"灵魂堕落"的人，不值得她认识……

卡洛琳自然不会把拜伦的话转告给安娜贝拉。在失望之余，安娜贝拉离开了伦敦。

拜伦的寝室

拜伦和卡洛琳的爱情是两者个性强烈、自以为是的冲击使然。这段缠绵而波折起伏的爱情，自始至终造成两个人刻骨铭心的痛苦记忆。有时拜伦硬逼着卡洛琳承认——她爱他甚于爱自己的丈夫。甚至，有一次为了要检验卡洛琳是不是对他真心，向她提出私奔的要求。或许他明知卡洛琳绝对没有勇气离开她现有的舒适环境，也或许他只是要试试看，卡洛琳是否会离开她的丈夫与儿子。

除了和卡洛琳的恋情，拜伦还收到一大堆倾慕他的女人写来的信。有的想要帮助他改变信仰，有的要拜伦对她的诗下评语，有的甚至自作多情地以为他诗中所写的女人就是影射她的。在这时候，拜伦与卡洛琳的六十二岁婆婆墨尔本夫人（年轻时非常漂亮，现在仍风韵犹存）成为了知心好友，以后和她无所不谈、毫无隐瞒。

当拜伦和卡洛琳的关系达到某一高潮后，拜伦想要"激流勇退"，但却不知如何是好。他想退出的原因之一，是卡洛琳处处想操纵他，使他感到十分受不了。正巧这个时候，拜伦因为参加一个自由派的贵族团体，认识了另一位活泼的牛津夫人。因为这位夫人的关系，拜伦还有幸见到英国的王子。

7 月底，拜伦和卡洛琳的关系已显出僵持的状态，他又因为拒绝去见卡洛琳而激怒了她。因此，在 7 月 29 日的中午，卡洛琳改了装扮进入拜伦家中，尽管霍豪士对她好言相劝（其他的仆人们已认出"她"是谁了），可是，卡洛琳却拿出刀来想以自杀威胁拜伦。拜伦夺下刀后，霍豪士接着把她劝到别的房间去，让她更换衣服，再用马车送她到朋友家，这样才算结束了一幕闹剧。

拜伦作品《异教徒和哈桑之战》画作

从表面上看来，他们两人的关系似乎已经告一段落了，然而事实上，卡洛琳仍旧为拜伦痴狂如昔。她的家人为了避免流言蜚语而将她带到爱尔兰去了。自然，拜伦曾写了一封文情并茂能满足她欲望的送别信给她。

自从爱他如痴如狂的卡洛琳离去后，拜伦的生活总算恢复了平静。至于他是否对卡洛琳已经忘情，连拜伦的心腹好友——墨尔本夫人也不肯透露。墨尔本夫人为了平息他和卡洛琳之间的风风雨雨，曾努力促使她的侄女——安娜贝拉和拜伦认识。因为她以为：若是拜伦能有一位贤惠的妻子就不至于再和卡洛琳纠缠不清了。拜伦接受了墨尔本夫人的建议，果真向安娜贝拉求婚，大出所料，竟遭到安娜贝拉的拒绝，于是，拜伦只好一笑置之。

这时候，成熟而稳重的牛津夫人（和敏感而歇斯底里的卡洛琳刚好相反），又吸引了拜伦的注意（拜伦自己也承认，他必须经常“心有所属”才能快乐）。因此，他又成了牛津夫人的座上客。

拜伦回顾自他出了名以后的这一年，发觉只有目前的状况最令他满意。

在年终的最后一天，他写给墨尔本夫人的信上说：

“这一年，我没有什么成就，但唯一可以自豪的是：我在你们家两个月的时间里，创下了我的纪录——没有打过一次呵欠！”

为情所累

一个人到了二十五岁，生命的黄金年华已经过去时，他就应有所成就了啊……

——拜　伦

姐姐奥古斯塔

拜伦和卡洛琳的关系并没有完全结束！虽然拜伦已经停止给她写信，但她仍旧纠缠着拜伦。卡洛琳回到伦敦时，要求拜伦和她见面，可是拜伦却坚持如果要见面必须当着牛津夫人的面。后来她又要求要拜伦的一束头发，拜伦很狡猾地剪了牛津夫人的头发来充数。卡洛琳一再要求拜伦送照片、写信和送小东西给她。

有一次，在伊斯考特的舞会上，他们两人竟然碰面了。卡洛琳抓住了他的手，上面还按着一件金属的东西，并且说："我真的要用这个……"拜伦回答说："在我身上吗？"说后，就从她身边走过去了。

晚餐的时候，她看到拜伦和一位兰克利夫人走进餐厅，她就拿着刀跟了进去。拜伦对她说："……如果你要演刺杀凯撒大帝的那一幕，请留意下手的姿势——刺你的心吧！不要伤害我的心——因为你早就刺透了！"卡洛琳拿着刀跑了出去，许多女士想把她手中的刀夺下时，她却砍伤了自己的手。第二天，当地人们又增加了许多闲谈资料，卡洛琳才觉察到自己已经闹得太过分而成为众人的笑柄了。

欧洲最著名的浪子拜伦

尽管事情闹得很大，拜伦还是积极做再出国的准备，他盼望能从出售纽斯德庄园的生意中得到一笔旅行费用。在这段时间，他的耳根似乎清静了许多，然而，他仍旧和另一位女士纠缠不清。这位女士并非别人，却是他同父异母的姐姐——奥古斯塔。

拜伦在写给墨尔本夫人的信中曾暗示，他和同父异母的姐姐有着近乎“乱伦”的关系，使得墨尔本夫人十分吃惊，她甚至觉得，这种情形比拜伦和卡洛琳的关系更为严重。

对拜伦来说，这种关系似乎是他们家的传统习性——越是被禁止的事，越是有“新的感觉”。不过，他也想竭力摆脱这种不道德的行为，因而他的内心极度矛盾和不安。本来他想要带奥古斯塔一起出国，后来听了墨尔本夫人的劝阻，打消了这个念头。

在这段情绪低落的时间里，拜伦开始写日记。一开头就是检讨自己和一再回忆他已逝去的岁月。他的结论是绝望和失败：

> 一个人到了二十五岁，生命的黄金年华已经过去时，他应有所成就了啊，而我有什么呢？只白白地活了二十五年！我看了些什么？世界各地的人都是一样！——哎，女人也是如此。我也不知自己想要什么，一旦有了想要的，有时候却又后悔了！

他也想到自己还没有尝过婚姻的滋味，所以动过心；然而，因为看过太多的失败例子，他又退缩了。政治生涯的不得志，也是他非常失意的因素之一。

1813 年 12 月初，他仍旧念念不忘奥古斯塔，对他来说，唯有奥古斯塔能给他自信，并且如此地顺服他、了解他，又像一个母亲一样地安慰他、保护他。

12 月 15 日，他的姐姐到了伦敦，三天以后，他的日记也不写了，仅在最后记上——我不用多思考，我的行动不再需要检讨了。

年底，他的两个旧情人写信给他。一位是他幼年时恋慕的玛丽·嘉渥小姐，她宣称自己生病了，极需要拜伦的安慰。拜伦却委婉地写信拒绝了她，因为他宁愿留着对嘉渥小姐美好的印象，而不愿意它再被破坏。另一位是曾经拒绝他的安娜贝拉，她虽然也生病了，但写信来只是要提醒拜伦，她一直是他“忠实的朋友”，因此拜伦对她的印象越来越好。

12 月 17 日那天，奥古斯塔和他会面后，他们就一起前往纽斯德。一个月的冰天雪地给了拜伦不出门的借口，再加上有奥古斯塔陪伴着他，他更是珍惜了。通往外面的道路，一直到次年 2 月 1 日才清除干净，而在这整整一个月中，拜伦没有动笔写过任何东西。这也表示，他暂时生活在十分快乐的情况中。

好友霍豪士请拜伦和他一起去巴黎。拜伦本来也想去看看有关拿破仑的事情，然而，他为了对怀有身孕的姐姐表示关切，就打消了跟霍豪士同行的意念。1814 年 4 月 15 日，奥古斯塔产下一女，命名为末朵拉（她自称是拜伦的女儿，然而拜伦并未承认此事）。

可能拜伦和奥古斯塔曾讨论过，如何解决他们之间的不正常关系，因为拜伦开始积极地考虑结婚。

首先，他接受奥古斯塔的建议去追求夏洛蒂小姐，不料夏洛蒂小姐太过于害羞，不敢表示自己的心意，因而在年底前，听从家人的安排，嫁给了另一位贵族。拜伦转而向纯洁的安娜贝拉进攻，他文情并茂的求婚信轻易地赢得了安娜贝拉的芳心，安娜贝拉也不再矜持，而且拜伦的求婚信使她产生一种错觉，认为这个“浪子”终于要“回头”了。

与安娜贝拉的婚姻

墨尔本夫人听到拜伦认真考虑到婚姻的问题时，写信询问拜伦，拜伦回复道：

> 如果我没说错的话，她喜欢我，是因为我能对她好。再说，她如果不能管好我，那就是她的错！但是，到目前为止，并没有多少人能把这件事做好。

可是，虽然拜伦急于讨好并取信于安娜贝拉，他心里还是很不自在。他以前恋爱的对象，除了幼年时对玛丽·嘉渥真正认真地付出感情外，其他的都是秘密且被禁止的（他懂得追求别人的太太，却对单身未婚的小姐束手无策）。

卡洛琳知道这消息后，讽刺地说：“拜伦永远不会跟一位——准时去教会、会统计学、身材奇差的女子在一起。”这时候，奥古斯塔也离开了伦敦，一股寒意笼罩着拜伦，他深恐结了婚就不能和奥古斯塔常在一起了。

拜伦和安娜贝拉订了婚，却无助于他们之间的情感。安娜贝拉不太能够了解拜伦，而拜伦又经常在安娜贝拉面前提到奥古斯塔。他对安娜贝拉说："你不太严肃的时候，就好像奥古斯塔一样可爱!"在没有话题的时候，拜伦就想出一个办法来打破沉寂，他拿出他对其他女人的方法——行动来对待安娜贝拉。不料，安娜贝拉太过保守，要求拜伦离开她一阵子，到结婚时再见面。于是拜伦回伦敦找霍豪士做他的伴郎。

拜伦与安娜贝拉的婚礼

1814 年 12 月 25 日，当霍豪士与拜伦动身去迎娶安娜贝拉时，天气格外地寒冷，地上也飘满了雪，对酷爱温暖气候的拜伦来说，这真是一个不祥的预兆。

婚礼是按照拜伦的意思进行的，只邀请了安娜贝拉的家庭教师，并由两位牧师来主持仪式，除此之外，就是安娜贝拉的家人而已。

根据资料显示：

> 在仪式进行的时候，安娜贝拉站得笔直，好像一块岩石，宣誓时，眼睛直视着拜伦；而拜伦在宣誓中，只大声地说："我，乔治·戈登·拜伦……"下面的话就模糊不清了，说到"我把世界上一切属于我的都给你"时，还看着霍豪士半说半笑的。

婚礼过后，没有宴客，安娜贝拉走回房间并换了旅行服装出来。

霍豪士描述这对新人离开新娘家，到约克舍汉那比的住家时的情形说：

> 拜伦很沉着，并且和往常一样——但我觉得我好像"坑"了一个好朋友。当我转向安娜贝拉，祝福他们白头偕老时，她对我说："如果我们不能幸福，那将是我的错误。"我忧郁地目送着我最亲爱的朋友离开。

这对新婚夫妇并没有因为结婚而增进彼此间的了解。安娜贝拉对拜伦总是百依百顺；然而，她不明白，正因为她太过纯洁、完美而使拜伦更加不喜欢。拜伦的情绪变化得很快，安娜贝拉感到害怕和惊讶。有时拜伦看她害怕的情形，就更加恶作剧似的捉弄她，故意向她揭露他自己以前的一些败坏行为。

拜伦常提到奥古斯塔，安娜贝拉为了讨好拜伦，于是答应拜伦去拜访奥古斯塔。她没有想到，这次的拜访将带给她一生的耻辱和愤恨。

当马车在奥古斯塔家停下来时，安娜贝拉注意到拜伦似乎有点焦急。等奥古斯塔下楼后，两个女人就互相观察对视了好一段时间。当天晚上，甚至以后在奥古斯塔家的每个晚上，对安娜贝拉来说，真是一场场噩梦。每次安娜贝拉去睡了以后，拜伦还坚持和奥古斯塔留在客厅谈话。要是安娜贝拉不愿意先去睡觉，拜伦就会故意侮辱她、激她去睡觉。他经常对她说："我的妻子，现在我们这里不需要你，你请吧！"

有时，拜伦也会把奥古斯塔弄得无地自容。可能他很气愤奥古斯塔不肯和他恢复从前那种暧昧的行为，因此，常在妻子面前，露骨地询问奥古斯塔是否忘记了以前他们一起在纽斯德居住时的情形。

奥古斯塔的心地很善良，她不想使安娜贝拉受到伤害，因此，当拜伦要责骂妻子时，她便劝阻拜伦，主动地保护安娜贝拉；而且，她也以自己和拜伦相处的经验，教导安娜贝拉如何应付拜伦的古怪脾气。

这种不愉快的状况维持了两周后，安娜贝拉和奥古斯塔都盼望拜伦离开奥古斯塔家。拜伦一家离开后，安娜贝拉不但和奥古斯塔一样松了口气，也盼望拜伦回家后有所改变。她以为由于肚子里的小孩将要出生，拜伦的坏脾气会有些改变。

为了使自己的女儿有个较好的环境准备生产，安娜贝拉的父母就把西罕的庄园交给拜伦夫妇，以解除他们困窘的经济情况。

对拜伦来说，一个出手阔绰的人却经常遭到债务的逼迫（甚至有人以处决他作威胁），实在是很不愉快的事。为了躲避债主，拜伦决定到奥古斯塔家去避避风头，并舒解一下心理上的压力。但是，他也知道，把怀孕的妻子留下来单独对付债主，是对不起良心的事。由于心里不安，在动身去找奥古斯塔的前四天，他对妻子格外地凶恶，直到动身前，只对安娜贝拉任意敷衍一番，就匆匆地离开了。

拜伦和安娜贝拉的关系越来越坏，拜伦常常对她说："现在太迟了！你为什么两年前拒绝我的求婚？……”“我相信你会一直爱我，直到我打你……”“如果有人能忍受我，就只有你这个人……”可怜的安娜贝拉，她虽然尽了最大的努力去了解拜伦、取悦拜伦，但每次都是徒劳无功。

拜伦对别人说：“安娜贝拉的镇定和自我控制的能力，使我厌恶。每次我生气时，她都能控制自己，使我更加愤怒！”

官方解决债务纠纷的人住进了拜伦的家，更加使拜伦的情绪变坏，他为了应付这个讨债人，不得不考虑把自己的藏书出售。他的出版人马雷听到拜伦的尴尬情况时，表示愿意资助拜伦1500英镑，并且答应有需要时再增加，但却遭到拜伦的拒绝。他的骄傲使得他甚至不愿向马雷索取版税权。

拜伦对霍豪士的劝告是：“即使你碰到最好的女人，也不要结婚！”并且向霍豪士透露自己想再出国的愿望。

1815年12月10日下午1点，安娜贝拉——拜伦的夫人生下了一个女孩。三个钟头以前，她还听到拜伦说他希望她们母子都死掉，即使不死，也要诅咒她们。小孩被命名为奥古斯塔·阿达，然而，她的出生并没有给安娜贝拉带来一点希望，即使拜伦很疼爱这小孩，他仍旧没有因为小孩的缘故而想挽回他们失败的婚姻，反而对安娜贝拉越来越坏。

拜伦夫妇居住在西罕的庄园

Ada Lovelace **拜伦的女儿**

在极端失望的情形下，拜伦夫人考虑到一个可能——拜伦会不会有点精神失常才对她这样？于是她积极地去搜寻证据。虽然她同意了拜伦的意见——先回娘家，等候拜伦去伦敦办完事，再一齐搬到开销较小的地方去居住。然而，她却一再拖延回娘家的时间，以便证实她自己的假设。拜伦渐渐发现他的妻子正以一种怜悯和焦急的眼光注视着他，这使他非常不安。

1816年1月15日，安娜贝拉知道不能再拖延了，于是带着小孩依依不舍地离开。

安娜贝拉叙述她离开时的情景：

> 我走下楼来——马车在外面等着，我走过他的房间，门外铺着一块他以前的狗常坐在上面的大垫子，我当时有种冲动的想法，想趴在上面，然后不管一切。但这只不过是一瞬间的念头罢了——我走过那儿，再也不回头了。

从此，拜伦再也见不到她了。

安娜贝拉回娘家之后，向父母哭诉自己所受的委屈——除了保留她所看到的拜伦和奥古斯塔可能有的暧昧行为。但是，她马上后悔了，因为她知道她的父母不能像她一样饶恕拜伦。不过，话既然说出去了，也收不回来。她的父母在盛怒之余决定不再让女儿回去受苦，并且也接受女儿的假设，劝她找医生商谈。

1月20日那天，安娜贝拉与一位专家研究后，唯一的希望也失去了，因为从安娜贝拉提供的资料中，找不出一点拜伦神经错乱的证据。她也明白，唯一避免自己再受折磨的方法，就是和拜伦分居。她听从父母的建议，答应在一份要求分居的文件上签字，但是，她极感矛盾和痛苦。据一个女仆描述："她在签字后，因为伤心过度，在地板上翻滚着、哭嚎着。"

2月2日，当安娜贝拉家的朋友把这一份分居同意书交给拜伦后，拜伦非常激动。他想要亲自从安娜贝拉那里得到确切的消息，但是送达文件的人劝他答应私下和解，免得对簿公堂有失颜面。

奥古斯塔听到这消息后，也曾努力劝阻安娜贝拉，要她再三考虑，但是却不为安娜贝拉所同意。安娜贝拉不愿意和拜伦上法庭去解决，所以想尽办法要拜伦同意签字。

这时候有谣言传出，说拜伦和奥古斯塔有暧昧行为（这其实是安娜贝拉的把戏。为了避免小孩归拜伦，甚至交给奥古斯塔抚养，她接受律师的建议而出此下策）。安娜贝拉的律师要她尽量避免和奥古斯塔接触，可是，为了能早日私下和拜伦解决问题，安娜贝拉还是和奥古斯塔见了面，因为她希望奥古斯塔能影响拜伦在文件上签字。她甚至向奥古斯塔显示她的决心，她说——即使父母下跪哀求，也不可能再回到拜伦身边。

Augusta Ada Byron(1815～1852)，**是著名诗人拜伦的女儿，并是著名逻辑学家** Augustus De Morgan **的学生。后来她嫁给小时候的数学家教** William King，**故在** William King **获得** 1st Earl of ovelace **爵位之后，她又被称为** Ada Lovelace（Lovelace **伯爵夫人）。她曾参与** Charles Babbage（**他当时正在尝试建造全世界第一台计算机）的部分工作，主要是程式设计方程。**

拜伦的情绪一直不稳定，直到17日那天，拜伦终于同意考虑合约书上的条件。22日，当霍豪士来看他时，发现他正精神抖擞地准备出国，一副天塌下来也不管的样子。

3月初，拜伦接到一名女子的来信，向他倾诉爱慕之意。这女子名叫克莱·克莉爱，她之所以会仰慕拜伦，是因为要向她的母亲示威。她的母亲玛莉·高文和诗人雪莱私奔了。起初她也暗恋着雪莱，并引起母亲不安，如今她为了“自谋发展”而找上拜伦。拜伦对她并没有什么兴趣，但因为自己将要离开伦敦，也就任由她来讨好自己。

拜伦已聘请了一位年轻医生波利多力（他会英语、法语、意大利语，并以与拜伦男爵同行为荣。马雷私下给他500英镑，请他记录旅行中的点滴）为随行私人医生。4月14日，奥古斯塔来送行，拜伦有种预感，恐怕这是他最

拜伦作品《蒙面先知与信徒们》画作

后一次见到他的姐姐了。4月21日，他终于签署了同意与安娜贝拉分居的文件。他在匆忙中写给奥古斯塔一封短信，说道："我已签字了……我请求你，以后除非有必要，否则，绝对不要在我面前提起她的名字。"

4月23日清晨，拜伦为了逃避负责催讨债务的官员，极不乐意地一大清早便起床动身前往多佛，开始他到国外的旅程。据说，有许多女士因为想一睹拜伦的庐山真面目，装扮成女仆，目送他上船。

霍豪士描述当日的情况说："人群拥挤的样子，我一直跑到码头的尽头……我亲爱的朋友拿下帽子对我挥手……我一直站着，直到看不见他的影子为止……"

站在文学的巅峰

希望、惧怕、嫉妒，没有人与我分享，这些爱的痛苦和爱的体验，只有我独吞苦水！

——拜　伦

再度踏上旅途

海风及浮动的船，勾起拜伦无限的回忆；然而，他明白，这次的旅行已和前次迥然不同——他已改变了许多，而且也更成熟了。他虽明白自己的生命已达到某一阶段，但是，并没有预见到日后他将会有更成熟的作品出现。

越离开英国，他越感觉出脱离盛名之累后的自由。这是1816年4月，连他自己也没有想到，他这一次是永远地离开了英国，从此再也没有回到故国。他被赶出了国土，钱袋和心灵都破了产，他离去了，永不再回……

滑铁卢的拿破仑雕像

他十分向往欧洲南方的温暖，因此，决定在日内瓦稍事停留后（与霍豪士会合）再到他的目的地——威尼斯。不过，他的原定计划仍然是要在时机成熟时到地中海的东岸去。

拜伦在途中瞻仰了滑铁卢战场，对拜伦来说，滑铁卢不是一个胜利的地方，而是一个忧伤的地方。因为这次战役后，欧洲仍然没有得到应有的自由，因此，他仅仅为一些英雄的事迹感到敬佩和怀念而已。

正当他们继续往前行的时候，克莱·克莉爱小姐为了赶在拜伦之前到达日内瓦，就催促雪莱和母亲玛莉·

高文夫人在1816年5月3日也离开多佛，并且早已在日内瓦望眼欲穿地等候拜伦了。

或许是因为旅途疲倦，亦或许是因为对进入日内瓦境内的繁复手续的反感，拜伦居然在入境的表格栏内填上一百岁。克莱小姐看到登记册上拜伦的名字，于是迫不及待地写了一封简短的信给拜伦（特别是因为她已怀了拜伦的孩子），表示愿续前缘：

英国诗人拜伦

> 我很抱歉你变得这么老，不过，我还以为你二百岁以后才会到这里来呢！……总之，我好高兴，你终于来了。

拜伦却没有多大兴致去理会克莱小姐，他在到达日内瓦的第二天，就去找一处能度过炎夏的别墅。八天后，当他和波利多力医生从船上走下来时，正好克莱和她母亲玛莉及诗人雪莱也在附近，于是文学史上的两大诗人终于在日内瓦的湖畔会面了。

雪莱当时才二十三岁，有些拘谨，但两人一旦谈到文学方面的事时，陌生的感觉就消失了。两人畅谈甚欢，几乎忘记了时间，从此他们就结为莫逆之交。拜伦也因为雪莱的关系，比较可以容忍克莱小姐（但是，这时候，除了克莱和拜伦外，其他人都不知道他们之间的关系）。

6月的第一个星期，雪莱在离美丽的日内瓦湖边不到一百公尺的地方住了下来，而拜伦也在距湖边很近的地方租下了一个别墅。

背景知识

雪　莱

生　平

珀西·比西·雪莱（Percy Bysshe Shelley），生于1792年8月4日，去世于1822年7月8日。是英国文学史上最有才华的抒情诗人之一，被誉为诗人中的

雪莱像

诗人。其一生见识广泛，不仅是柏拉图主义者，更是个伟大的理想主义者。创作的诗歌节奏明快，积极向上。

八岁时雪莱就开始尝试写作诗歌，在伊顿的几年里，雪莱与其表兄托马斯合写了诗歌《流浪的犹太人》，并出版了讽刺小说《扎斯特罗奇》。

十二岁那年，雪莱进入伊顿公学，在那里他受到学长及教师的虐待。在当时的学校里，这种现象十分普遍，但是雪莱并不像一般新生那样忍气吞声，他公然地反抗这些。而这种反抗的个性如烈火一般燃尽了他短暂的一生。

1810年，十八岁的雪莱进入牛津大学。深受英国自由思想家休谟以及葛德文等人著作的影响，雪莱习惯性地将他关于上帝、政治和社会等问题的想法写成小册子，散发给一些素不相识的人，并询问他们阅读后的意见。

1811年3月25日，由于散发《无神论的必然》，入学不足一年的雪莱就被牛津大学开除。雪莱的父亲是一位墨守成规的乡绅，他要求雪莱公开声明自己与《无神论的必然》一文毫无关系，但是雪莱拒绝了，他因此被逐出家门。被切断经济支持的雪莱在两个妹妹的帮助下过了一段独居的生活。这一时期，他认识了赫利埃特·委斯特布洛克，他妹妹的同学，一个小旅店店主的女儿。雪莱与这个十六岁的少女仅见了几次面，她是可爱的，又是可怜的。当雪莱在威尔士看到她来信称自己在家中受父亲虐待后便毅然赶回伦敦，带着这一身世可怜且恋慕他的少女踏上私奔的道路。他们在爱丁堡结婚，婚后住在约克。

1812年2月12日，同情被英国强行合并的爱尔兰的雪莱携妻子前往都柏林。为了支持爱尔兰天主教徒的解放事业，在那里雪莱发表了慷慨激昂的演说，并散发《告爱尔兰人民书》以及《成立博爱主义者协会倡议书》。在政治热情的驱使下，此后的一年里，雪莱在英国各地旅行，散发充满自由思想的小册子。同年11月完成叙事长诗《麦布女王》。这首诗富于哲理，抨击宗教的伪善、封建阶级与劳动阶级当中存在的所有的不平等。

1815年，雪莱的祖父逝世。按照当时的长子继承法，处于在经济上十分贫困的雪莱获得了一笔年金，但他拒绝独享，而将所得财产与妹妹分享。这一年除了《阿拉斯特》之外，雪莱较多创作的是一些涉及哲学以及政治的短文。

次年5月，携情人玛丽再度同游欧洲，在日内瓦湖畔与拜伦交往密切。这两位同时代最伟大诗人的友谊一直保持到雪莱逝世。雪莱后来的作品《朱利安和马达洛》便是以拜伦与自己作为原型来创作的。同年11月，雪莱的妻子投河自尽。在法庭上，因为雪莱是《麦布女王》的作者，大法官将两个孩子教养权判给其岳父，为此，雪莱受到沉重的打击，就连他最亲的朋友都不敢在他的面前提及他的孩子。出于痛苦及愤怒，雪莱写就《致大法官》和《给威廉·雪莱》。雪莱与玛丽结婚，为了不致影响到他与玛丽所生孩子的教养权，雪莱携家眷永远离开英国。

1818年至1819年，雪莱完成了两部重要的长诗《解放了的普罗米修斯》和《倩契》，以及其不朽的名作《西风颂》。《解放了的普罗米修斯》与《麦布女王》相同，无法公开出版，而雪莱最成熟、结构最完美的作品《倩契》则被英国的评论家称为"当代最恶劣的作品，似出于恶魔之手"。

1821年2月23日，另一位英国重要诗人约翰·济慈逝世。6月，雪莱写就《阿多尼》来抒发自己对济慈的悼念之情，并控诉造成济慈早逝的英国文坛以及当时的社会现状。

1822年7月8日，雪莱乘坐自己建造的小船"唐璜"号从莱杭渡海返回勒瑞奇途中遇到海上风暴，舟覆，雪莱以及同船的两人无一幸免。按托斯卡纳当地法律规定，任何海上漂来的物体都必须付之一炬。雪莱的遗体由他生前的好友拜伦及特列劳尼以希腊式的仪式来安排火化，他们将乳香抹在尸体上，在火中洒盐。次年1月，雪莱的骨灰被带回罗马，葬于一处他生前认为最理想的安息场所。

婚　姻

雪莱的婚姻一开始就被他的敌人当作最好的武器来攻击他，当那些富于浪漫的骑士精神经过理性的冷却，他那场仓猝的婚姻中较为真实的一面随着两个人的成长开始显现。雪莱不得不承认婚姻并没有救助他的妻子，婚姻只是将两个人绑在一起来承受另一种折磨。在精神上、感情上，两个人之间的差异越来越大。后来，雪莱结识了葛德文的女儿玛丽·葛德文，他们相爱了，出走至欧洲大陆同游。他们对于爱情和婚姻的理想纯洁到连最严苛的批评家也无法置词。雪莱死后，玛丽为他的诗全集编注。

主要作品

诗　歌

爱尔兰人之歌（1809）
战争（1810）
魔鬼出行（1812）
麦布女王（1813）
一个共和主义者有感于波拿巴的倾覆（1816）
玛丽安妮的梦（1817）
致大法官（1817）
奥西曼迭斯（1817）
逝（1818）
一朵枯萎的紫罗兰（1818）
召苦难（1818）
致玛丽（1818）
伊斯兰的反叛（1818）
西风颂（1819）
饥饿的母亲（1819）
罗萨林和海伦（1819）
含羞草（1820）
云（1820）
致云雀（1820）
自由颂（1820）
解放了的普罗米修斯（1820）
阿多尼斯（1821）
一盏破碎的明灯（1822）

剧　本

倩契（1819，五幕悲剧）
暴虐的俄狄浦斯（1820，诗剧）
希腊（1821，抒情诗剧）

论文及散文

无神论的必然（1811）
自然神论之驳斥（1814）
关于把改革付诸全国投票的建议（1817）
诗的辩护（1821）

译　著

柏拉图《会饮篇》
荷马《维纳斯赞》等
但丁《地狱》篇部分
歌德《浮士德》部分

附　诗

一朵枯萎的紫罗兰

这朵花的香气已经散失，
如你的吻对我吐露过的气息；
这朵花的颜色已经褪去，
如你曾焕发过的明亮，只有你！
一个萎缩、死的、空虚的形体，
它在我荒废的胸口，
以它冷漠和无声的安息
嘲弄我那仍炽热的心。
我哭泣，泪水无法复活它；
我叹息，它的气息永远不再；
它沉默、无怨的命运，
正是我所应得的。

名　言

浅水是喧哗的，深水是沉默的。

饥饿和爱情统治着世界。

冬天到了，春天还会远吗？

过去属于死神，未来属于你自己。

读书越多，越感到腹中空虚。

微笑，实在是仁爱的象征，快乐的源泉，亲近别人的媒介。有了微笑，人类的感情就沟通了。

吻是灵魂与灵魂相遇在爱人的嘴唇上。（嘴唇是一对爱人两个灵魂交会的地方。）

爱情不是时光的奴隶。

爱情就像灯光，同时照耀两个人，光辉并不会减弱。

希望会使人年轻，因为希望和青春是一对同胞兄弟。

最为不幸的人被苦难抚育成了诗人，他们把从苦难中学到的东西用诗歌教给别人。

一首诗则是生命的真正的形象，用永恒的真理表现了出来。

所有时代的诗人都在为一首不断发展着的“伟大诗篇”做出贡献。

一首伟大的诗篇像一座喷泉一样，总是喷出智慧和欢愉的水花。

日内瓦湖畔，拜伦与雪莱在这里相会。

我们愈是学习，愈觉得自己的贫乏。

恶德——不和、战争、悲惨；美德——和平、幸福、和谐。

一个人如果不是真正有道德，就不可能真正有智慧。精明和智慧是非常不同的两件事。精明的人是精细考虑他自己利益的人；智慧的人是精细考虑他人利益的人。

道德的最大秘密就是爱；或者说，就是逾越我们自己的本性，而融于旁人的思想、行为或人格中存在的美。

为了游湖方便，拜伦和雪莱合买了一艘船，停泊在雪莱家门前的小港口。天气好的时候，两人就在寂静的黄昏中一起游湖；风雨交加的时候，就并坐在拜伦家的壁炉旁。而他们的话题，从诗到鬼的模样，可以说无所不谈。

雪莱计划要做一次旅行，克莱不愿同往，于是才去找拜伦。雪莱知道拜伦不喜欢克莱，就尽力避免让克莱和拜伦单独在一起。当雪莱一行离去后，拜伦又感到十分寂寞，因此又为奥古斯塔写了一首诗：

即使我的日子完结，
我的命运之星沉落，
但你温柔的心还在；
你不愿对我的过错，
像别人一样地指责。

日内瓦湖边

7月27日左右，雪莱一行旅行回来，他和拜伦仍如往常一样在一起游湖畅谈。然而，事情并未像往日那样愉快，因为，雪莱和玛莉·高文夫人已经知道克莱和拜伦之间的关系了。但是雪莱除了好好照顾克莱之外，他不愿对拜伦有任何指责，因为他自己也是抛弃了妻子而和玛莉私奔的。

米兰

为了避免这种伤感情的事，雪莱就努力要隔离克莱，因此，克莱仅能在雪莱在场的时候见到拜伦。

8月26日，霍豪士和戴维士终于抵达日内瓦和拜伦会合，他们在附近游玩一段时间后，10月5日的上午11点，他们决定一起离开日内瓦转往米兰。拜伦对这次行程并不热衷，因为，这次他既无目标也无特别计划。他虽然忘不了去希腊的打算，但是在这之前，他有意在威尼斯停留一段时间。

背景知识

日内瓦

日内瓦是瑞士境内国际化程度最高的城市，位于西欧最大的湖泊——美丽的日内瓦湖之畔，其东、南、西三面都与法国接壤。静静的罗纳河穿城而过，湖与

日内瓦湖冬景

河的汇合处，由数座桥梁连接着南北两岸的老城和新城。日内瓦人说，如果面对着法国的方向（即西方），湖的左方称之为 Left Bank，右方称为 Right Bank，此种独特的称呼方式，乃因日内瓦靠银行业起家之故。左岸银行集本市商业活动之大成，由商店、百货公司、银行、旧城、重要景点、咖啡座、餐厅等组成。至于国际组织、饭店、机场、火车站等，则是右岸的重要成员。据资料表明，早在公元前 20000 年～公元前 10000 年——冰河时期稍后，已有人类聚居于流入现今日内瓦湖的隆河河口两岸。公元第 1 世纪，日内瓦已经是一个重要的商贸中心，但直至瑞士同盟经历重组时期，才为日内瓦带来了知识产业及财富。1536 年瑞士宣布成立共和国前，多方的势力不断侵扰此城市。1602 年沙维斯公爵企图攻占日内瓦，传说此城内市民顽强抵抗，甚至将煲、壶等厨具作为武器猛掷侵略者。结果公爵未能得逞，此日后来成为每年的庆典日。

日内瓦是瑞士第三大城市，位于日内瓦湖西南角，湖上的大喷泉是日内瓦的象征。日内瓦的湖光山色四季皆具吸引力，它同时是世界许多国际机构云集的国际化城市。日内瓦以其深厚的人道主义传统、多彩多姿的文化活动、重大的会议和展览会、令人垂涎的美食、清新的市郊风景及众多的游览项目和体育设施闻名于世。日内瓦也是世界钟表之都，钟表业与银行业成为日内瓦的两大支柱。

日内瓦地属北温带，受海洋性气候和大陆性气候交替影响，气候变化较大。

日内瓦风景图

日内瓦是瑞士有名的游览胜地，有许多名胜古迹。有著名的宗教改革国际纪念碑、圣－皮埃尔大教堂、大剧院、艺术与历史博物馆、日内瓦大学等。在日内瓦众多的博物馆内，收藏了很多中国、日本、希腊及罗马等国的珍贵文物，在钟表博物馆内可找到人们对寻求时间的认知所做出努力的历史。

米　兰

意大利第二大城，伦巴地区首府。位于波河平原西北部，阿尔卑斯山南麓。人口 158.1 万（1982 年）。始建于公元前 4 世纪，公元 395 年为西罗马帝国都城。1158 年和 1162 年在同神圣罗马帝国两次战争中，城市几乎全毁。1796 年被拿破仑占领，次年建成为米兰共和国都城。1859 年并入意大利王国。

全国最大的工商业和金融中心，有“经济首都”之称。有运河通波河支流提契诺河与阿达河。

米兰气候温暖，四季鲜明，夏季干燥，冬季多雨。受沿海寒流影响，米兰属凉夏型亚热带地中海气候。因此尽管在盛夏之际、气温再高，但在阴凉处和室内却很凉快，夜间甚至会感到有些凉意。

米兰大教堂是欧洲最大的哥特式大理石建筑之一，始建于 1386 年。米兰著

米兰大教堂。雄踞在意大利米兰市中心的米兰大教堂亦称圣母降生教堂，于公元 1386 年开工建造，1500 年完成拱顶，1774 年中央塔上的镀金圣母玛丽亚雕像就位，1897 年最后完工，历时五个世纪。它不仅是米兰的象征，也是米兰的中心。拿破仑曾于 1805 年在米兰大教堂举行加冕仪式。

名的景点有斯卡拉剧院、圣母玛丽亚感恩教堂、米兰主教教堂、国立科学技术博物馆、布雷拉画廊等。

威尼斯之行

11月2日，拜伦离开米兰，不久就到了威尼斯。拜伦一开始就喜欢威尼斯，对他来说，这是一个奇妙的世界。令他感伤的是，威尼斯往日的热闹与繁华，现在都已经消失，剩下的只是无限的惋惜嗟叹。

在他写给马雷的信中说：

威尼斯正如我期望的一样令我喜欢！我的期望很高，而它正是我梦中一直想去的地方。像东方一样，我没去以前，已经知道很多有关那个地方的事了。

在这个新的环境里，拜伦没有开始动笔，因为，他总是要等到遭受挫折或不幸时才有灵感，现在他却生活在十分舒适的环境中。

意大利人的爱情观令拜伦惊讶而感兴趣，他们那种坦白而不虚伪的态度，比起拜伦的家乡人——英国人的情感来，更令拜伦欣赏。

在安逸的环境中，拜伦对自己毫无目的的生活有些不满。他虽然一直提到来年春天要回英国的事，不过，他仍旧认为他留在英国的时间——尤其以最后一个月最为痛苦。那时尽管奥古斯塔一再努力地撮合他们夫妇和好，但拜伦却向奥古斯塔表示："……我对她没有任何怨恨，然而，我却觉得受到严重的伤害……她是一个傻瓜，我只想对她作这样的评语。"拜伦一想到女儿被安娜贝拉带走，就更加对她不谅解。

1817 年 4 月 9 日时，他仍然留在威尼斯（即使他曾谈到要去罗马的事）。他举棋不定，使他自己也非常苦恼。4 月 29 日，他终于如愿以偿地到了

威尼斯风光

犹太哲学家马丁布伯说:"旅行总是有一些连旅行者自己都不知道的目的地。"在这所公寓里,英国历史上最伟大的六位浪漫诗人中的三位在这里留下了永恒的记忆,他们是济慈、雪莱、拜伦。

罗马。

拜伦和霍豪士畅游了一些名胜古迹后,在比亚栅·第·斯巴那66号住了下来。

背景知识

威尼斯

意大利东北部城市,亚得里亚海威尼斯湾西北岸重要港口。主建于离岸四公里的海边浅水滩上,平均水深1.5米。威尼斯外形像海豚,城市面积不到7.8平方公里,由铁路、公路、桥与陆地相连。由118个小岛组成,并以180条水道、378座桥梁联成一体,以舟相通,有"水上都市"之称。整个城市只靠一条长堤与意大利大陆半岛连接。

公元452年兴建,8世纪为亚得里亚海贸易中心,10世纪曾建立城市共和

水城威尼斯

国，中世纪为地中海最繁荣的贸易中心之一。新航路开通后，因欧洲商业中心渐移至大西洋沿岸而衰落。1866年并入意大利王国。

威尼斯是一个美丽的水上城市，它建筑在最不可能建造城市的地方——水上。威尼斯的风情总离不开“水”，蜿蜒的水巷，流动的清波，她就好像一个漂浮在碧波上浪漫的梦，诗情画意久久挥之不去。这个城市一度曾握有全欧最强大的人力、物力和权势。威尼斯的历史相传开始于公元453年，当时威尼斯的农民和渔民为逃避酷嗜刀兵的游牧民族，转而避往亚得里亚海中的这个小岛。

威尼斯有毁于火中又重生的凤凰歌剧院，徐志摩笔下忧伤的叹息桥，伟大的文艺复兴和拜占庭式建筑，世界上最美的广场之一——圣马可广场和美得令人窒息的回廊，摄影大师安东尼奥尼电影中最美的段落有一些就在这儿拍摄；这儿是文艺复兴的一个重镇，产生过历史上最重要的画派之一——威尼斯画派；德国音乐大师理查德·瓦格纳在这里与世长辞……这个城市昔日的光荣与梦想通过保存异常完好的建筑延续到今天，她独特的气氛令游人感到如受魔法，凡是来过威尼斯的游客都对之恋恋不舍、乐而忘返。

罗　马

意大利首都，有意大利第一大城之称。亚平宁山脉把意大利半岛分成了东西两部分，亚平宁山脉旁边有一条台伯河，罗马位于台伯河流入地中海的海拔三十公里处，东距第勒尼安海二十五公里。市区跨台伯河两岸，架有桥梁二十四座。

古代罗马的发源地。约公元前2000年初，罗马人从东北移居于此。公元前8世纪～公元前4世纪，罗马人在此筑城堡，逐步形成早期罗马城。公元756年

~公元1870年为教皇国的首都，1870年意大利王国统一后成为意大利首都（教皇国退至梵蒂冈）。全国政治、经济、文化和交通中心。工业有食品、纺织、机械、印刷、化工、电子和塑料等。意大利电影工业的主要中心。西北沿海的奇维塔韦基亚为其主要港口。世界最著名的游览胜地之一。占城区面积40%的古罗马城多规模宏大的古代建筑（如弗拉维安半圆形剧场、科洛西姆大斗兽场、大杂技场、潘提翁神庙、戴克里先公共浴场等）和艺术珍品。城西北的梵蒂冈为罗马教廷所在地，有教堂、宫殿、博物馆、大学（建于1303年）、科学院和图书馆等。

罗马风光——古罗马斗兽场

罗马气候温暖，四季鲜明。

景点：许愿池、西班牙广场、威尼斯广场、万神殿、拉特兰圣约翰大教堂、科洛塞竞技场、卡比托利欧广场、真理之口、新宫、波各赛美术馆。

当时也有不少的英国人住在罗马，可是拜伦只想躲得远远的。有一位利德夫人是拜伦家的朋友，她见到拜伦后，紧张地对女儿说："不要看他，看了他以后你就会有危险！"

5月28日，拜伦再度回到威尼斯。他在意大利的旅行和经历以及最近他从英国方面得来的消息，都在提醒他自己——他再也不能快乐地回到家乡去了。

拜伦回到威尼斯的第一件事就是处理他的金钱。他希望能还清债务并且有足够的费用在国外舒舒服服地生活下去。

有一天，当他同霍豪士骑马到乡下去时，遇上了两位乡下女子，拜伦和其中一位已经结婚的女子感情日增，但霍豪士却没有这种机会。拜伦认识的这个女子叫玛格利特·康妮，她的丈夫是一个脾气暴躁的面包师。这位康妮女士热情而大胆，对拜伦和其他女人的关系一点都不嫉妒，而且，她很有自信，认为最后的胜利是属于她的。

《拜伦诗选》封面

拜伦与霍豪士在意大利过得十分愉快，每日当河水高涨时，他们就坐着船在运河上缓缓划向力多，去享受微风和夕阳，有时也骑骑马，拜伦因此写道：

……意大利对我来说，
真是个十分快乐的地方。
每日欣见阳光，
不像醉汉，
只透过昏睡的眼，
去看雾中的光线。
我爱意大利的语言，
像女人嘴上的热吻，
可以融化一切！

12 月 10 日，拜伦得到一个令他非常兴奋的消息：纽斯德庄园终于以 94500 英镑的高价卖给他在哈洛中学时的同学。拜伦总算松了一口气，知道自己在国外的生活将不成问题了；同时，他又写信给雪莱，答应养育克莱的女儿，并且叫他们尽早把她带到意大利来。

1818 年，新年的第七天，霍豪士和拜伦做了最后一次骑马活动。第二天

纽斯德——拜伦遗弃的家园

早上，霍豪士动身回英国，并且把拜伦的一些手稿带给马雷。临行前，拜伦握着霍豪士的手，要他了解他本来是一个很有感情的人，可惜都被别人榨取光了。

运河上的唐璜

霍豪士同情地望着他，然后继续自己的行程。霍豪士离去没多久，威尼斯一年一度的嘉年华会来临了，拜伦也跟着人们终日狂欢。想不到2月中旬时，拜伦却染上威尼斯社交圈的恶疾——淋病。这种病虽使他暂时不能骑马，却没有遏制他在社交圈的活跃。

拜伦越来越偏好意大利中下阶层的女人，他喜欢她们明亮的眼睛、她们的大胆和热情以及幽默感。不过，他之所以放纵地和这些女人来往，可能是他受到安娜贝拉的过分理性的反应使然吧！

拜伦觉得与英国比起来，意大利的物价比较便宜，因此他在威尼斯的莫西尼哥租了一栋房子定居下来。

3月11日，雪莱和玛莉带着克莱和拜伦的私生女爱莉加到了意大利。5月2日，爱莉加便和护士住进拜伦的新居，拜伦很快就喜欢上了这个小女孩。

不管以前的大文豪、大冒险家，如莎士比亚、拜伦、马可·波罗、朱自清等如何称颂威尼斯的美，唯有当你真正踏上威尼斯这块土地后，你才会赫然发现你心中的美，难以形容，惊喜于太多的意外

除了收养爱莉加外，拜伦还雇了一大批仆人（有十四人之多）和饲养了一些动物。他的仆人都是意大利人（除了费利契以外）。动物呢？据他写给他喜欢的歌剧明星——道格拉斯·肯内耳的信中说：“我有两只猴子、一只狐狸、两条大猛犬……”

霍豪士离去后，拜伦几乎和英国人断绝了来往。他的名声（不管是好的或坏的方面）却为他吸引来一大批意大利的妇女。虽然他日渐肥胖，却仍旧对她们有极大的吸引力。这些妇人们为他争风吃醋的事，整条运河都知道，自然他也成为运河船夫们的话题。英国人到威尼斯旅游时，都有一股强烈的好奇心——想看看拜伦，甚至不惜贿赂拜伦的仆人以求一见拜伦。因此，拜伦在意大利的社交圈尽量避免和英国人见面谈话。不过，除了这些小困扰外，他在威尼斯的生活还是颇愉快的。

虽然拜伦在莫西尼哥的日子过得很舒服，但也不得不考虑住在家里的小女儿爱莉加的生活环境。克莱早就对爱莉加生活在拜伦情妇的阴影下感到担心了，所以一再地催促雪莱和她到威尼斯去处理这事。拜伦不乐意见到克莱，但是他对雪莱的来访却非常高兴。自然他又带着雪莱到力多去享受游览和欣赏日落的快乐时光了。拜伦也很慷慨地将自己从霍本纳先生家租得的另一处房子让给雪莱一家人住下来。

7月的前三个星期，拜伦专心写他即将要公之于世的一本（模仿英雄诗体写的）滑稽叙事诗《唐璜》。他之所以选择这个传说中的无情花花公子作为他故事的主角，是因为其有着叛逆性的意义，并觉得这样做可以加强文章的讽刺意味。他想要借着文章，对唐璜的无情作一次辩解。他认为唐璜之所以有这种个性，不过是环境所造成的罢了。而拜伦能顺利地写成《唐璜》第一篇，不得不归功于他处在意大利这个充满了滑稽剧的自由环境中，以及他自己所接触到的意大利妇女放荡的性情。

面包师的太太康妮，不但以为自己是击败拜伦其他情妇的胜利者，而且，不久又以家庭主妇自居，管理起拜伦在莫西尼哥的家来，她削减了一切的开支，直到拜伦不能忍受为止。

当拜伦要康妮离开莫西尼哥时，她便以刀子及必将报复来威胁拜伦。结果，第二天，她真的拿着一把刀割伤了拜伦，于是拜伦不得不命令他的船夫送她回家，不料康妮却突然跳到运河里自杀，拜伦只好派人把她救起。折腾了很久，她才了解拜伦已对她生厌，于是在迫不得已的情况下，安分地回家了。

韩生先生和他的儿子纽顿，为了处理拜伦的经济事宜一同到威尼斯来见拜伦。拜伦看到他们，眼里充满了泪水，因为他想起自己从小和韩生先生一家的关系。韩生先生的心情则十分沉重。

纽顿后来说："拜伦爵士只不过三十岁，看起来却像四十岁的人，他的脸色苍白，身材圆滚，胖得连手上的关节都几乎看不出来了。"

11月17日，拜伦在他的遗嘱中添了

唐璜是拜伦笔下的风流奇人，曾为西班牙贵族后裔，被老丈人暗算送到奴隶市场，当过女沙皇叶卡捷琳娜的男宠，后惨遭遗弃，最终荒淫无度，阅女人无数。他喜欢追求女人，一旦得到又会将对方遗弃。他相貌英俊，巧舌如簧，从不用物质打动女人心。

一条附录，留下500镑给爱莉加，并且委托韩生先生把一封信交给霍豪士和肯内耳，授权给他们，请他们替他处理债务和经营一切财产事务。

在这同时，他把《唐璜》的第一篇稿子寄给英国的朋友，着急地等待着他们的回音。

霍豪士和戴维士看了稿子以后表示："我们读它的时候，一直说：'这不可能被读者和评论者所接受！'但是，在我们说不可能的时候，也充满了对你的才智、诗意，以及讽刺意味……的仰慕！"他们担心这部作品出版后，对拜伦在威尼斯的某些不好名声产生肯定和夸大的渲染。霍豪士觉得诗中所说的和拜伦的生活太相近了，建议他删改；然而，他也承认，必须删改的部分却又是拜伦才华发挥得最好的地方。

马雷的信也寄来了，他很聪明的有意回避直接批评这部作品，只是一再赞美地说：如果拜伦能将《唐璜》书中的不雅部分删除，他的天才将更能为读者所欣赏。然而，拜伦却不为其所动，执意要原封不动地出版《唐璜》的第一篇。

虽然拜伦仍旧对英国的朋友吹嘘他在威尼斯的奇遇，但他心里却很明白，他已经厌倦了追求女人，特别是因为他放纵的情欲使他的身体和精神一天天地衰弱——他似乎感觉到宝刀已老！

在乏味的日子里，他答应朋友去参加边左尼伯爵夫人的宴会，在宴会上

拜伦诗集

拜伦作品《阿比多斯的新娘》的插图

遇见了一年前曾和他一同去看歌剧的泰莉莎·古西又里伯爵夫人。古西又里夫人才刚满十九岁，与五十八岁的古西又里伯爵结婚不过一年而已。

古西又里夫人正感无聊的时候，边左尼伯爵夫人带着拜伦来见她，她立即为拜伦希腊式的迷人脸庞和笑容所吸引。他们谈了许久，泰莉莎还告诉拜伦，她的父亲甘巴住在拉维那，拜伦表示正好想去佛罗伦萨拜望他，因为那里有拜伦所景仰的诗人——但丁的坟墓。两个人的话题自然转到但丁身上，拜伦很惊讶地发现：这位意大利美人竟然对但丁和《神曲》有深刻的认识和喜爱。

泰莉莎在她丈夫要她回家时站了起来，好像梦游一样地慢慢而依依不舍地离开……

当天，拜伦对泰莉莎并没有什么特殊的印象，然而，因为他是相信命运的人，或许他会同意泰莉莎后来说的："这次的见面是命运之神在我们两人心中所作的印记！"也因为这样，拜伦从此和甘巴家有着十分密切的关系。

新情人泰莉莎

泰莉莎·古西又里夫人能吸引拜伦的原因，不仅是她的美貌和良好的出身，也因为她在天真无邪的外表下仍然有追求知识的热忱。她对拜伦尊敬有加，认为他不只是一个特殊的异性，而且还是一位伟大的诗人。她带给拜伦一种截然不同的感觉，当拜伦要求与她私下会面时，她一下子就答应了。

令拜伦困扰的是——泰莉莎依照意大利的习俗（拜伦在一篇作品《贝波》里，嘲讽意大利人心照不宣地承认意大利式的情人）要拜伦做她的情人。这对拜伦来说，无异是要他做一个比较高级的“吃软饭”的男人。当地的习俗，如果双方是因为某种目的而结婚（地位、政治、金钱……），那么妻子可以拥有一个“合法”的男友，丈夫不能嫉妒，而且还可以和男友建立友谊。

拜　伦

拜伦和泰莉莎的幽会，立即成为意大利社交圈的新话题。泰莉莎觉得太幸福了，因此对别人的批评也就置之不顾了。

拜伦终于也被泰莉莎劝服，并且自认有“乐天”的个性，不会受到干扰，因此也就不在乎了！他们两人每天搭乘运河上的小舟，到力多去看落日。然而，对泰莉莎的丈夫古西又里来说，他只感觉到妻子最近学法文似乎比较勤快而已。

快乐的日子似乎过得特别快，他们卿卿我我地过了不到十天，古西又里伯爵突然有急事必须到拉维那去，于是这对情侣不得不暂告分手。泰莉莎的丈夫——古西又里伯爵，是一个投机主义者，他前两位妻子已为他带来大笔的财富。他在政治上的一帆风顺，也是由于他能见风转舵，在法国统治意大利的时候，他对法国人忠心耿耿；但是当罗马教廷统治意大利时，他又一面倒地去奉承教廷派来的枢机主教。不过，他与泰莉莎的婚姻使得教廷对他的身份有些怀疑，因为泰莉莎的父亲甘巴伯爵和她的哥哥比多·甘巴都是拉维那支持意大利革命的卡波那里集团分子。

虽然泰莉莎告诉过拜伦以后彼此联络的办法，但是她离开后久久不曾写过信给他，使拜伦十分烦闷。

霍豪士知道拜伦有新情人后，立刻写信劝告他，不要给自己添麻烦了，但拜伦却回信道：

> 现在已经太迟了，没有任何事情可以阻止我们的交往。因为，在她离开威尼斯以前，我们每天见面，而且，她曾怀过我的孩子，但已经流产。幸好，现在已经恢复健康了。我也知道，如你所说的，她们家的立场对我可能不利……不过，无论如何，为一个所喜欢的女人冒一点危险，又算什么……

在思念泰莉莎的时候，拜伦又想起奥古斯塔。的确，两人有许多相似的地方：她们都不太在乎拜伦开玩笑和嘲讽的态度，因此拜伦在她们面前可以把心情放松。但是在安娜贝拉面前就不能如此了，安娜贝拉想用心去了解拜伦，但拜伦偏偏最讨厌企图看穿他的女人。

有趣的是，在某些方面，拜伦可说是十分忠心的。如果他真心喜爱一个人，必定对她忠实到底。就拿他和泰莉莎的关系来说，当他听到泰莉莎病危的消息时，立刻不顾一切地向古西又里伯爵表示，如果泰莉莎不能痊愈，他必定先她离开这个世界。幸好，不久后，古西又里为他带来了好消息——泰莉莎已脱离险境了。

泰莉莎虽然躺卧在病床上，却因为与拜伦联络上了而使得病情有了转机。不久，她又能坐着马车出游（自然，她带着拜伦跟她一起）。拜伦此时也觉得自己的身体状况和情绪都因泰莉莎而得到振奋。不过，他开始问自己：到底泰莉莎是否可靠？有时，泰莉莎的一举一动还会引起他的嫉妒；又有时，他的心会回到奥古斯塔身上，因而引起泰莉莎的嫉妒。

7 月底，拜伦考虑离开威尼斯去换个环境。但他最头痛的问题不是如何处置他的仆人和宠物，而是如何安置他日渐喜爱的小女儿爱莉加。他知道，他的生活飘浮不定，绝不能给爱莉加很好的成长环境，可是，他又不知道如何才好。他在这几个月内，几次想要回到英国去，但是，如果不能得到英雄式的崇拜和欢迎，他就不愿意再回去。因为犹豫不决，他暂时在拉米拉住下。在这里，每天日落的时候，他可以和泰莉莎去骑马。他已养成每天早上写《唐璜》的习惯。同时，他又想到自己的婚姻以及泰莉莎的婚姻。他在考虑，是否应该以“英国式”的私奔来使他和泰莉莎的关系有个结果。

背景知识

《唐璜》

《唐璜》写于1818年~1823年，是拜伦的代表作，也是欧洲浪漫主义文学的代表作品。这部以社会讽刺为基调的诗体小说约16000行，共16章，虽未最后完成，但因其深刻的思想内容、广阔的生活容量和独特的艺术风格，被歌德称为“绝顶天才之作”。

《唐璜》的主题是对英国和欧洲贵族社会、贵族政治的讽刺。主人公唐璜是西班牙贵族青年，十六岁时与一位贵族少妇发生爱情纠葛，母亲为了避免丑事远扬，迫使他出海远航。于是，作者通过唐璜的冒险、艳遇等各种经历，广泛地描绘了18世纪末、19世纪初欧洲社会的现实生活。唐璜在海上遇到风暴，船沉后游抵希腊一个小岛，得到海盗女儿海蒂的相救。诗歌歌颂了他们牧歌式的真诚爱情。但是海盗归来，摧毁了他们的幸福。此后，唐璜被当作奴隶送到土耳其市场出卖，又被卖入土耳其苏丹的后宫为奴，逃出后参加了俄国围攻伊斯迈城的战争。立下战功后被派往彼得堡向女皇叶卡捷琳娜报捷，得到女皇的青睐，成为宠臣。诗歌中一个场景接着一个场景呈现在读者的眼前。情节发生在18世纪

《唐璜》

末，描绘的却是18世纪末至19世纪初欧洲社会的现实生活。诗人是用过去的革命经验和当时的现实相比，鞭挞了“神圣同盟”和欧洲反动势力，号召人民争取自由、打倒暴君。

诗歌对英国贵族和资产阶级的拜金主义作了淋漓尽致的揭露和讽刺。英国统治阶级夸耀“自由”和“权利”，但是唐璜初次来到伦敦就遭到了强盗的袭击。诗歌痛斥英国贵族卡斯尔累爵士为“恶棍”和“奴隶制造商”，谴责当时备受统治阶级称赞的惠灵顿为“第一流的刽子手”，揭露英国上流社会外表华丽，内部却糜烂透顶、丑陋不堪。

《唐璜》中的主人公唐璜源自西班牙传说中的人物，他多次成为文学作品的题材。传统的唐璜形象是个玩弄女性、没有道德观念的花花公子。但在拜伦笔下，这个人物在多数情况下却以被勾引的角色出现。他的被迫出走或多或少是那个有夫之妇的牺牲品。唐璜不同于拜伦其他诗歌中的英雄人物，作者无意将他塑造成“拜伦式的英雄”，其中却不乏诗人自传的成分。唐璜热情、勇敢、拒绝虚伪的道德信条。在面临饿死的危险时，他拒绝吃被打死的人，其中不乏象征的意义。在士兵中间，只有他表现出对一个土耳其小姑娘的命运真正的关心。他没有忧郁绝望的天性，但也没有掌握自己命运的能力。他的爱情故事大多是对上流社会虚伪道德的讽刺，而他和海盗女儿海蒂的经历更多的是体现一种充满诗意的理想。

拜伦诗选

如果说因讽刺的需要，主人公唐璜显得行动多于思想，那么诗歌的叙事者则承担起了思考和评论的重任。故事之中或故事之外不断出现的议论、感慨、回忆、憧憬，拉近了作品与读者的距离。叙事者大量富有抒情性的议论、充满哲理和深刻的思想以及淋漓尽致的嘲讽，具有很强的艺术感染力。作品揭露的现实真实深刻，而且想象丰富奇特。它描写的风暴、沉舟、战火的等场景十分精彩。对大自然壮丽景色的抒情描写非常出色。拜伦善于用各种诗体创作，语言幽默洗练，在英语口语入诗方面无人可与之匹敌。

拜伦的诗歌在当时和后世都有很大影响。在中国，鲁迅称拜伦是浪漫主义的“宗主”，盛赞其人其诗“如狂涛如厉风，举一切伪饰陋习，悉与荡涤”。

事情拖到10月底，当拜伦再度回威尼斯时，突然发高烧，而且一直不退，急得泰莉莎不顾一切地住进拜伦家照顾他。古西又里伯爵带着儿子，坐着运河上的小船尾随而来，他想借这事使威尼斯社交圈增加一点对他有利的舆论。可是，进了拜伦家，古西又里伯爵却与他的太太泰莉莎发生了激烈的争执。

拉维那的日落

拜伦在给朋友的信中说：

他丈夫问她要选择谁，自然，我占了上风……但是，如果我还是二十岁的年轻人，我必定毫不犹疑地带她走……而现在，我已经三十岁，饱尝了十年的风霜，因此，我愿做牺牲品。我费了好大的力气劝她跟丈夫回拉维那去，在我答应她以后一定会去看她后，她才勉强地离去。

拜伦以为会因为这次的事与泰莉莎完全断绝了关系，所以松了一口气。他告诉自己，也许这样比较好，免得日久生厌，破坏了美好的爱情。

他高兴得太早了！第二天，泰莉莎的父亲甘巴伯爵，派专人来接他赶快去看泰莉莎，因为她又患了急病。等拜伦连夜赶到拉维那时，却见到已经病愈的泰莉莎以及和她父亲在一起度圣诞节的好些朋友。对泰莉莎来说，她又赢得了一次胜利。

几天以后，拜伦竟不顾自己的尊严，接受甘巴伯爵的邀请在他们家住下来，以便就近照顾泰莉莎。

罗马风光

嘉年华会结束后，新的一年为拜伦带来许多意想不到的好运。他在甘巴家住下来，可以照自己喜爱的方式生活——早晨起得很晚，然后去森林骑马，黄昏时与泰莉莎欣赏日落或一起去听歌剧，回来后写作到天将破晓才上床睡觉。

从英国传来的消息说，霍豪士因为支持群众暴动而入狱了。拜伦写了一首诗指责他背叛维新党。霍豪士非常痛心，因为拜伦对于他为自由及立宪政府所做的牺牲太不了解了。他在日记上写着："他写这种无关痛痒的作品来攻击一个一直对他忠心耿耿的朋友——这种人真是太没有同情心了……"然而，几天后，当他接到拜伦的信时，他又打消和拜伦绝交的心意了。

拜伦和泰莉莎的交往，到第二年5月中旬形成了僵局。古西又里伯爵不甘遭人耻笑（或许是因为他在教廷政府中工作的朋友怀疑拜伦的身份，而劝他把拜伦赶出拉维那），曾跑到泰莉莎的房间搜寻证据。

古西又里伯爵回家时，发现拜伦和泰莉莎又在一起，便借故发怒，泰莉莎努力掩饰但却失败了。因此，泰莉莎提出办理分居手续的要求，准备离开伯爵。拜伦劝她先和她爸爸商量后再说。最后甘巴伯爵同意向教皇申请女儿和伯爵的分居手续，拜伦也因为受到甘巴伯爵和朋友的鼓励决定坚持到底。

甘巴伯爵之所以喜欢拜伦，并不只是因为疼爱女儿泰莉莎，也因为他对拜伦的才华和风采着迷，而把拜伦当成自己的女婿。拜伦和他在政治上的观点相同，并且对泰莉莎的名声、幸福都十分地关心，凡事都和他商量，这些也都使他对拜伦的信任更胜于对古西又里。

诗人拜伦画像

1820年7月6日，教皇终于批下了古西又里夫人和伯爵分居的同意书。一星期后，泰莉莎才得到消息。但是，她以为从此要与拜伦分开了（根据分居条件规定，泰莉莎除了可以得到每年1000英镑的赡养费外，必须在父亲监护下安分地过日子），于是她便连夜逃离伯爵府，她的父亲将她安顿在离娘家十五里远的地方。她和拜伦的爱情又将写下新的一章。

甘巴伯爵的儿子比多，刚从罗马求学回来，也和拜伦结为好友。透过甘巴父子，拜伦也参与了卡波那里集团。不过，拜伦只对他们的浪漫名字、神秘仪式、秘密聚会以及出入暗号感到好奇，对他们不务实际的想法却颇不以为然。

这些参与革命行动的人士当中，除了卡波那里集团里的一些贵族外，就是一些摩拳擦掌的工人阶级。拜伦觉得自己的行为很讽刺——他一方面嘲笑霍豪士支持"暴民"，另一方面自己却又陷于同样的状况中。他们尊敬他并拥戴他做领袖，使他觉得十分光彩，因而同意他们的举动。不过，他倒不是激进分子，他宁愿和甘巴伯爵商议采取比较缓和的改革手段。

当一年接近尾声的时候，拜伦的生活方式也固定下来了，除了晚上偷偷与泰莉莎会面外，他大部分时候都与甘巴父子商议革命的事。不过，他的心里仍然在考虑回到英国去。当然他也明白，他现在已改变太多了，回去恐怕不能适应，所以，他非常期待能够参加一些英雄式的行动以填满自己的空虚。

12 月 28 日，他把《唐璜》另一部分手稿寄回英国，据他自己说："目前，这是我唯一能掌握的事。"

1821 年初，奥国对那不勒斯虎视眈眈，革命的情绪高涨，加上连日的阴雨，使气氛显得格外的紧张。这时，街上传来教廷要捕捉革命分子的风声，拜伦对同志们的劝告是："反抗！以免被捕后泄露机密。"并且宣称自己的住宅可以供革命者避难。但是，后来什么也没有发生，使得拜伦十分失望。

卡波那里集团内部意见分歧很大，而且又提不出什么具体的行动方案。于是，拜伦又再度兴起到希腊去的念头。然而，他知道，如果泰莉莎要他留下，他哪里也去不成。

拜伦的书房

不多久，甘巴的集团已准备好行动的枪械，并且统统运到拜伦家来收藏。但是，因为首领的背叛，整个卡波那里集团的革命活动最后以闹剧收场。拜伦的评论是：就这样，一切都完了；也因为这样，意大利的革命再度因为内部的不团结而失败了。

革命失败后，意大利人民对外的仇视更深了，但因为拜伦平日待人不错，在拉维那还受到人们尊重；况且，在表面上他仍然尊重教皇，所以能平安无事地在拉维那生活下去！

不料，7 月 10 日的晚上，甘巴在观剧后回家的路上，被官方逮捕了，而且泰莉莎也和他的父亲一同被放逐。拜伦研究此事后，知道教廷政府的目标已指向他，泰莉莎希望他能跟着甘巴一家人离开。

泰莉莎拒绝离开拜伦，并且担心拜伦会有生命危险。拜伦费尽了唇舌，并且以将自己关进修道院来威胁她，才半哄半骗地将泰莉莎劝离拉维那。他也因而得到片刻的喘息机会；不过，他答应随后会到佛罗伦萨与甘巴一家会合，并且竭力为他们向教廷政府要求特赦。

佛罗伦萨

雪莱听说拜伦要离开拉维那，又赶来和拜伦会面，商量爱莉加的前途。拜伦自然很高兴与这位知己再度见面，至少，他也算是拜伦在意大利唯一能见到的英国友人了。

雪莱除了去探视在修道院读书的爱莉加外（拜伦在不知如何处置爱莉加的情况下，把她送到修女办的贵族学校去寄宿），每日都与拜伦一起作息。

雪莱写给玛莉的信中说：

我们每天的生活是这样：拜伦男爵下午2点起来吃“早餐”，我们一起谈话和读书到6点，然后，在8点时，骑马、晚餐，晚餐后，谈话到清晨四五点……我很惊讶地发现：拜伦男爵的家里，除了仆人以外，有十匹马、八条大狗、三只猴子、五只猫、一只老鹰、一只乌鸦、一只猎鹰；除了马以外，每个仆人和动物都来去自如，并且他们都像是主人一样，大声吵闹和打架……刚才，当我下楼梯时，又在楼下碰见五只孔雀、两只几内亚母鸡、一只埃及的鹤……

拜伦的旧居

雪莱知道拜伦可能会前往佛罗伦萨和甘巴家会合，便劝拜伦打消带甘巴一家人逃往瑞士的计划。他劝拜伦把他们带到比萨（雪莱现在住的地方），并且写信叫玛莉为拜伦和甘巴一家人找栋大房子。他又亲自写信给泰莉莎，叫她说服拜伦接受他的建议。泰莉莎没有什么意见，只要拜伦能跟他们在一起就可以。但是说起来很容易，做起来却有困难。一方面拜伦不太愿意搬动（他有着太多的家具和珍禽异兽要带走），另一方面，拜伦仍旧怀念英国的一切，仍旧在考虑回英国的可能性。

10月29日，他的大批人马终于动身了。他在比萨除了受到泰莉莎的欢迎外，甘巴一家人及雪莱都望眼欲穿地等他到来。雪莱为他预备了一次文艺圈的活动，聚集了许多文艺界人士，令拜伦非常愉快。

比萨的文艺圈

拜伦对雪莱为他选择的住宅非常满意，朗凡契的住宅光线比拉维那的好多了，而且空气也比较清新。每天清晨，拜伦只要走下那宽阔的台阶，就可以打开后门，伸手去摘园里的橘子吃。此外，拜伦也很喜欢雪莱为他邀来的许多文艺界的同伴，他很高兴能再回到尊敬他的文采以及能欣赏他幽默的英国人的圈子中。

到比萨后的第二天，拜伦和泰莉莎曾到雪莱家登门拜访。以后拜伦家就成为大家活动的中心据点，拜伦每日和这些文艺界的朋友在一起，也很少去泰莉莎家。泰莉莎只好和玛莉一起骑骑马，很少有机会见到拜伦。

新加入比萨文艺圈的还有一位名叫约翰·泰福的人，他本来是爱尔兰籍的文人，因为在爱丁堡与一个女人有过纠葛而被放逐离开爱尔兰。另外，麦德温也来参加，他是雪莱的旧识。起先拜伦有点排斥他，但是后来发现他对自己的讲话很有反应，因而接纳了他。

比萨文艺圈里，除了泰福、麦德温、威廉士（也是雪莱的旧交）外，还有雪莱的其他朋友，如懂希腊文的马洛克打多王子（希腊的爱国者，6月时为了要争取希腊自由而回国参战），拜伦一直与他们保持距离。马洛克打多回希腊参战，雪莱引见他的堂弟阿吉罗波利王子给拜伦，因而再度点燃了拜伦对希腊革命的关怀。

1822年初，拜伦终于同意让著名的雕刻家罗伦左·巴拓里尼为他做半身雕像，但是雕像与他本人相像的程度，只是让拜伦更加觉得，他已三十四岁，青春不再了。另外，他发觉自己已“安分”于泰莉莎的爱情，不再“向外发展”，因此他能很知足地在比萨居住下来。可是，泰莉莎并不感到安适，她离乡背井到比萨来，又觉得拜伦日渐与她疏远并且还很难讨好，因此她想和雪莱的情妇玛莉学习，使自己能更加聪慧，多熟悉一些文艺界的事情，以博得拜伦的欢心。可是她这样一来，反而弄巧成拙，因为我们已经知道，拜伦喜

拜伦作品

欢的是她的年轻貌美和天真无邪，而不是她的头脑。

1月14日，一位活跃分子加入了比萨的文艺圈。这位名叫爱德华·约翰·屈罗尼的新成员极富冒险精神，也十分敏感，酷爱文艺。因此，他一来就吸引了比萨的诸位文人，颇受欢迎。但是，拜伦有点排斥他，因为拜伦觉得，他的相貌和性格简直就是他笔下所写的“东方故事”中的英雄嘛！不过，几天过去之后，拜伦又开始喜欢他了。

屈罗尼来了以后的第一件事，就是劝威廉士和雪莱着手实行他们购船游玩的计划，连拜伦也被他说动而让他全权处理订购一艘“不计多少费用”、装饰完善的华丽游艇（后来拜伦十分后悔，因为屈罗尼所花的钱是拜伦预先估计的数百英镑的十倍）。

2月的时候，英国传来的消息说，安娜贝拉的母亲诺亚夫人已在1月28日逝世。拜伦除了对安娜贝拉表示同情外，还写信给霍豪士与肯内耳，请他们代他把他从诺亚家分得的遗产，拿出其中的10000英镑，归在安娜贝拉的名下。并且，他因为承继了诺亚家的家徽而愿意接受“诺亚·拜伦”这个名字，他以后也常签字为“N·B”以代替他的缩写名字。

现在拜伦的收入除了因著作而每年得到2500英镑外，还因为诺亚夫人的去世可以分到约6000英镑的财产。这时候，要他负担雪莱所推荐的另一个文人莱·汉特到比萨来的费用，应该是没有问题了。

莱·汉特当时住在普利茅斯，整个的家计（妻子生病，又带着一大群孩子）都落在他一人身上，因此，他不但把他自己的哥哥约翰给拖垮了，还向雪莱借了150英镑。更令雪莱尴尬的是，他居然写信开口向拜伦借钱。雪莱知道汉特那种“有借无还”的毛病，便警告拜伦要注意，但拜伦却因为爱才及对汉特将要出版的一本杂志十分感兴趣，慷慨供应他所需的费用。不过，现在的拜伦可不像以前一样胡乱花钱了。一方面，可能是他感到自己已经三十四岁了，必须要有些“安全感”；另一方面，也可能是因为他考虑到，日后不但要养活自己，还得抚养他自己的女儿或者是甘巴一家，甚至包括奥古斯塔和她的孩子！

克莱不断写信给雪莱和玛莉，控诉拜伦不顾女儿爱莉加的死活。雪莱本来不相信克莱的说辞，但是克莱再三要求，所以他只得依克莱之请向拜伦提出让克莱和女儿重聚的建议。雪莱将建议转告拜伦，但拜伦听了这个建议后，只是很不耐烦地耸耸肩，并且说：“女人就是爱找麻烦！”雪莱听了十分愤怒，他曾告诉别人，当时若不是强行控制住情绪的话，差点要一拳把拜伦打倒在地上！

自从这件事以后，雪莱很想和拜伦疏远，但是，汉特前来比萨以及出版杂志的计划，都须借助于拜伦，所以雪莱不得不暂时忍耐下来。再说，雪莱虽然不欣赏拜伦的所做所为，但却和玛莉一样，十分醉心于拜伦的才华。

在拜伦这方面，他常常接到一些英国朋友的来信，一再阻止他和雪莱来往（他们批评雪莱是流浪汉和异教徒），但他却常为雪莱辩护。

他在写给摩尔的信中说：

> 雪莱真是个可怜的人！你们都把他当做眼中钉，其实，就我对他的认识，他是世界上最温柔、最不自私的人——我觉得，他最关心别人的需要，甚至于肯牺牲自己的享乐去帮助别人。他的看法十分高明，连我也比不上！

比萨圈的人，雪莱、拜伦、屈罗尼、比多·甘巴以及泰福，每天都很愉快地一同骑马、交谈。有时玛莉和泰莉莎也乘坐马车加入他们之中。就在此时，不幸的事却发生了。这件事使得比萨圈的文艺人士不得不纷纷作鸟兽散。

有一天，比萨圈的众人外出郊游，泰福在最后面跟着队伍，不料，有一个人骑着马快速地超越他们，并将泰福的马吓得乱跑。比萨圈的人以为这人故意找他们的麻烦，于是快马加鞭追踪那人，一直追到城门外才停止。当时拜伦递上他的名片（误认那人是意大利的贵族），雪莱也上前用意大利话很客气地问他：“为何如此地莽撞？”其实，他只不过是城里一个部队中的士官长，因为点名快要迟到了，所以才飞奔着回去；但是，由于这群英国人的包围，使得情势紧张起来，比较冲动的比多·甘巴，不分青红皂便拿起马鞭打了这士

比萨斜塔

官长一下，又用话语侮辱他。这个叫马西的士官长非常气愤，便下令城门口的军人逮捕这些英国人。他们只好四散逃逸，雪莱因为动作慢，又被自己所骑的马给摔下来，跌得不省人事，所以没有逃成；另外有一人的鼻子也碰伤了；而泰福本人倒若无其事，连一根毛发也没有被伤到。

这件事破坏了比萨圈的祥和气氛。虽然威廉士后来将事情完美解决，但对泰福推诿责任、向当地地方官虚报实情的行为，大家不能谅解。一周后，虽然雪莱康复了，可是比萨圈却难以恢复以前那种景况了。麦德温已离去，雪莱和威廉士考虑到别处去避暑，拜伦也在杜皮租了一栋别墅，准备5月～10月在那里居住。

4月中，拜伦得到拉维那方面的消息，说爱莉加发高烧病重。同时，克莱也听到消息赶到比萨来，雪莱除了安慰她外，还尽量隐藏她的行踪，使他不致被拜伦看见。拜伦非常着急，派专人去照顾爱莉加。18日传来的消息说，热已经退了；但是不到两天，又传来消息说，爱莉加死了！

4月22日，消息传到比萨时，除了泰莉莎以外，没有人敢把这个消息告诉拜伦。

拜伦似乎应对疏于照顾爱莉加负起一切责任，或者他不该听雪莱的劝告而把爱莉加交回她母亲身边。然而，不管怎么说，拜伦对爱莉加的死确实是十分悲伤的。他写信给马雷，请他代为安排，将爱莉加埋葬在一度是他童年所希望被埋葬的哈洛学校的教堂墓地。因为爱莉加不幸的童年，引起他对自己童年遭遇的回忆。马雷虽已依照指示十分尽力而为，但却无法完全照拜伦的意思达成，充其量他只能让爱莉加安葬在墓园里面，却不能为她立碑，因为没有人会承认一个私生子的身份。

克莱方面的反应，比大家想象的要好一点，但是她却把一切的怨恨都归咎到拜伦身上，她写了一封极严厉的信指责拜伦对女儿爱莉加所做的一切“暴行”。拜伦把这封信交给雪莱。对他来说，整个事情已告一段落，他只想尽早忘记这件事；不过，他答应克莱的要求，为爱莉加留一张画像，并且准许克莱在爱莉加的棺木送往英国时前去送行。

雪莱和威廉士终于离去了，比萨文艺圈失去了雪莱就等于是失去了核心人物，自然也就瓦解了。5 月中，拜伦也离开了这个他们曾经闹事以致声名狼藉的地方，前往杜皮的别墅度假去了。

雪莱之死

1822 年 5 月 12 日，雪莱的船终于装修好了。“它跑起来就像女巫一样的快速！”这是雪莱对这艘船的感觉。不过，雪莱有点不高兴，因为他发现这只船被命名为“唐璜”。虽然这本是屈罗尼的建议，但是，雪莱考虑后，还是把它改名为“爱耶儿”。这样一改，触怒了拜伦，他硬是要人把“唐璜”的名字挂在船上。

最后雪莱和威廉士把名牌拆下来。“不晓得拜伦爵士会说什么，不过，即使他是诗人和爵士，他也不能干预我们船的命名啊！”这是他们的看法。但是，每次提到这艘船，他们还是习惯用“唐璜”这个名称。

雪　莱

拜伦的船也装修好了。不过，自从马西事件发生后，当地的地方官对他们十分注意，一听说拜伦的新船“布利瓦”号（拜伦把他的船取名为“布利瓦”，是为了纪念把哥伦比亚和委内瑞拉从西班牙人手里拯救出来的英雄西蒙·布利瓦；又因为船要献给泰莉莎，也含有希望意大利出现一个布利瓦的用意）要装上大炮，马上紧张起来，立即下令：“布利瓦”号今后只能在港内停泊，不准出海。因此，当屈罗尼于5月18日将船驶来后，拜伦早已失去兴趣了。

6月20日，汉特一家抵达热那亚，遣人送信给雪莱，通知他们将要到达的消息。这时拜伦正听到甘巴一家人又要被放逐的消息，急得焦头烂额，根本没有时间去照顾汉特一家人了。幸好，雪莱还在旁边，他马上派人去接他们到比萨来，把汉特一家大小安顿在预先为他们准备好的拜伦家底层房子里。

背景知识

热那亚

热那亚是意大利最大的商港，也是地中海沿岸仅次于马赛的第二大港。濒临古里亚海的热那亚湾。北面有利古里亚亚平宁山脉，但有一系列山隘可与波河平原相通。城市沿海岸延伸达32公里。人口75.4万（1982年统计的数字）。公元前3世纪为罗马帝国的自治城市。公元11世纪为城市共和国并向外扩张。1796年被法国拿破仑攻占，1800年附属法国。1815年维也纳会议后成为撒丁王国的一部分。1861年并入意大利王国。造船工业中心，全国三分之二的船舶在此建造。还有机械、铁路器材、炼油、钢铁与纺织等工业。设有通往

热那亚

伦巴地区的输油管，至瑞士与德国的中欧输油管道亦以此为起点。是意大利北部至西地中海的主要出海口。出口以纺织品、橄榄油和葡萄酒为主。旅游业发达，多教堂、宫殿等中世纪古迹。有建于1471年的热那亚大学。

拜伦一方面要安排自己和甘巴一家人的离去，一方面又为汉特在他家居住的干扰而感到不安。但是，他确实非常有诚意地欢迎汉特的来临，而且，他也颇欣赏汉特的个性和才华。这是他能忍受汉特那骄傲的太太和他们那一大群脏兮兮的小孩的原因。

一切安顿妥当后，拜伦又着手写他的《唐璜》。突然，一个坏消息传来，7月8日中午，雪莱和威廉士坐着“唐璜号”出游时，海湾里突然刮来一阵强风，等风暴过后，屈罗尼再也看不见他们的踪迹了！屈罗尼询问附近的渔夫，但是没有人看到他们，他立刻回来报告拜伦。据他说：

热那亚是意大利利古里亚区热那亚省首府

“当我告诉拜伦这个坏消息时，他的嘴唇颤抖着，而且支吾地问我几个问题……”

汉特马上写信通知玛莉，次日，她立即赶来询问拜伦事情的经过，拜伦只能请她一同前往出事地点察看情况。清晨两点左右，他们到了出事地点，屈罗尼把玛莉带到附近休息，一路上又向附近的渔夫查询进一步的消息。有人说发现“唐璜”号上的一些东西，不过，这可能是暴风雨来袭时，雪莱他们为了减轻船的重量而抛弃的。拜伦把“布利瓦”号供人全权使用，自己和汉特也沿着海边帮忙搜寻。

7月16日，有两具尸体被发现，18日，又听说有一具尸体已漂到岸边来，屈罗尼迅速赶去，在地方官将要把尸体掩埋在沙堆下时，屈罗尼及时认出那是雪莱的尸体（从尸体的上衣口袋中找出两本诗集而证实了雪莱的身份）。屈罗尼把这坏消息带回去，也把失魂落魄的玛莉带回比萨。

雪莱的死带给拜伦的震撼，远超过他所能想象的。这种巨大的打击可能是因为他后悔没有欣赏雪莱的天分（在雪莱还在的时候）。而且当雪莱最后一次为克莱的事来看他时，他似乎很亏待雪莱。虽然他对玛莉没有什么特殊的好感，但是，他把所有对雪莱的歉疚和怀念，都转移到玛莉身上。玛莉后来也告诉别人：“拜伦爵士对我非常好，他和泰莉莎经常来看我。”

在向马雷述说雪莱之死时，拜伦写道：

> 你们都对他有太大的误会。他是我所知道的人当中，最善良、最不自私的，谁都比不上他！

而在写给摩尔的信中说：

> 就这样，另一个人又离开了这个世界，这个人受尽世人的误解、忽视和苛待，或许他的突然离去，是对这世界的一种无言抗议吧！

雪莱的火葬

屈罗尼听从玛莉的吩咐，准备将雪莱葬在罗马一个浸信会教友的墓地上，并预备依雪莱的愿望将他葬在他的儿子威廉的墓旁。

根据当地法律规定，必须先将他们在出事的岸边火葬。

第一天是火葬威廉士的尸体，拜伦看了一下尸体（根据屈罗尼口述）说：

> 我们也要跟他一样吗？——哼！也许这只是一只羊的尸体吧，但谁能肯定呢？——至少我看起来是这样！……一条破布，也比一具死尸更能保留原状，这真是一幕令人作呕的画面……

火葬正在进行的时候，拜伦游泳离开了岸边，而且似乎被一阵病痛所袭击。当他游泳回岸边时，屈罗尼已办完了事情，他从火葬堆里保存了一块威廉士的下颚骨交给拜伦作纪念。

隔天，他们为雪莱举行火葬仪式。屈罗尼本来想保存雪莱所拥有的一些济慈的诗集（如《拉密亚》），但是在尸体旁边，只找到一本诗集的封面。他们把油和香料倒在雪莱的尸体上，然后点起火来，口中念念有词。屈罗尼记得拜伦对他说：

> 我只知道你是个异教徒，却不知道你还会异教徒的仪式，你做得还不错嘛！

汉特远远地坐在车里，不忍心看火葬的仪式；拜伦也只停留了一下，就游泳离开岸边，到他的“布利瓦”号上去了。当他回来时，发现雪莱的尸体已经烧烬，却只留下一颗心，怎么也烧不坏。屈罗尼本来想自己保留下来当作纪念品，后来又交给了汉特，几天后又和汉特争执不下，最后才交给玛莉。

雪莱，P. B.（Percy Bysshe Shelley，1792—1822），英国著名民主诗人。出身乡村地主家庭，二十岁入牛津大学，因写反宗教的哲学论文被学校开除。投身社会后，又因写诗歌鼓动英国人民革命及支持爱尔兰民族民主运动而被迫于1818年迁居意大利。在意大利，他仍积极支持意大利人民的民族解放斗争。

背景知识

济　慈

济慈，全名约翰·济慈（1795—1821），出生于18世纪末年的英国伦敦，他是杰出的英诗作家之一，也是浪漫派的主要成员。父亲是马厩的雇工领班。

自幼喜爱文学，由于家境窘困，不满十六岁就离校学医。其父母在其青少年时期便相继去世，虽然他与兄弟和姐姐相互支持，但过早失去父母的悲伤始终影响着他。在埃菲尔德学校，济慈接受了传统正规的教育，在阅读和写作方面，济慈受到了师长克拉克的鼓励。年轻的济慈非常钟爱维吉尔，十四岁时，他将维吉尔的长诗《艾涅阿斯纪》翻译成英语。1810年，济慈被送去当药剂师的学徒。五年后济慈考入伦敦的一所医学院，但没有一年，济慈便放弃了从医的志愿而专心于写作诗歌。

济慈很早就尝试写作诗歌，他早期的作品多是一些仿作。1817年，济慈的第一本诗集出版。这本诗集得到了一些好的评论，但也有一些极为苛刻的攻击性评论刊登在当时很有影响力的一本杂志上。济慈没有被吓倒，他在来年的春天付印了新诗集《安迪密恩》。

1818年夏天，济慈前往英格兰北部和苏格兰旅行，途中得到消息说他的兄弟汤姆得了严重的肺结核，济慈即刻赶回家照顾汤姆。这一年年底，汤姆死了，济慈搬到一个朋友在汉普斯泰德的房子去住，现在人们已将那所房子认为是济慈之家。在那里，济慈遇见并深深地爱上了一位年轻的女邻居——芬妮·布朗。在接下来的几年中，疾病与经济上的问题一直困扰着济慈，但他没有被打倒，反而写出了大量的优秀作品，其中包括《圣艾格尼丝之夜》、《秋颂》、《夜莺颂》和《致秋天》等名作，表现出诗人对大自然的强烈感受和热爱，赢得巨大声誉。

1820年3月，济慈第一次咳血，之后不久，因为迅速恶化的肺结核，于1821年2月23日在去意大利疗养的途中逝世。去世的时候，只有年轻而忠诚的朋友——画家塞文陪伴着他。

济慈创作的第一首诗是《仿斯宾塞》，接着又写了许多优秀的十四行诗，他的这些早期诗作收集在1817年3月出版的第一本《诗集》中。次年，他根据古希腊神话写成的《安迪密恩》问世，全诗想象丰富、色彩绚丽、构架宏大，洋溢着对自由的渴望。

1818年～1820年，是济慈诗歌创作的鼎盛时期，他先后完成了《伊莎贝拉》、《圣亚尼节前夜》、《海伯利安》等著名长诗，最脍炙人口的《夜莺颂》、

《希腊古翁颂》、《秋颂》等名篇也是在这一时期内写成的。

济慈诗才横溢，与雪莱、拜伦齐名。其遗下的诗篇一直誉满人间，被认为完美地体现了西方浪漫主义诗歌的特色，并被推崇为欧洲浪漫主义运动的杰出代表。他主张“美即是真，真即是美”，擅长描绘自然景色和事物外貌，表现景物的色彩感和立体感，重视写作技巧，语言追求华美，对后世抒情诗的创作影响极大。

1812 年 2 月 23 日，济慈客死罗马，安葬在英国新教徒公墓，年仅二十五岁。

如果天以借年，他能够达到什么样的成就，是难以预料的。但是人们公认，当他二十四岁停笔时，他对诗坛的贡献已大大超越了同一年龄的乔叟、莎士比亚和弥尔顿。

济　慈

他们把雪莱的骨灰放入骨灰坛，封好后，众人坐上马车到乡下买醉去了！几天的火葬仪式把他们的精神刺激得够多了，因此，每个人都开怀痛饮，直到不省人事。

隔天，拜伦却病倒了。不过，与其说是喝酒太多，倒不如说是游泳太久在烈日下曝晒太厉害的结果。拜伦的皮肤被狠狠地“剥了一层皮”。泰莉莎在照顾拜伦之余，还保留了拜伦肩部和手臂上脱下来的皮肤作纪念呢！

雪莱死后，汉特紧张了一阵子——因为只有雪莱才能好好照顾他。后来，拜伦再三保证愿意像雪莱一样地善待他，他才比较放心。不过，他心里有数，知道拜伦不喜欢他的妻子和他那一堆像小野人似的孩子。

拜伦向伦敦的朋友们请求支援汉特所出版的杂志，但他的朋友们都劝他不要和那个“下等的伦敦人来往”。

雪莱死后，从表面看来一切好像又风平浪静了。可是，拜伦心里却十分混乱。甘巴家已在热那亚找到一个政府容许他们安居的地方，等候他和泰莉莎一同前往。拜伦却另有打算，尽管他仍旧喜欢泰莉莎，可是他开始觉得对她有点厌烦了。所以，他并没有到热那亚长住的打算，他甚至认为，离开意大利才是避免生活太单调的唯一办法。

热那亚远景

9 月 11 日，玛莉先动身前往热那亚，整个比萨文艺圈已没剩下几个人了，屈罗尼也准备和拜伦、泰莉莎及汉特一家前往热那亚。

正打算出发时，霍豪士突然在 9 月 15 日来访。他和拜伦自从四年前在威尼斯道别后，一直没有再见过面。这次见面，两人似乎有点生疏，特别是有霍豪士不太欣赏的汉特在场时（霍豪士认为汉特是雪莱留下的“遗产”）。虽然两三天后，他和拜伦又恢复了以前友好的状态，但是，当他们两人分手的时候，拜伦觉得霍豪士已经和从前不一样了。他对霍豪士说：“你已缺乏当年的热情，变得像政治家一样的冷酷了！”

当动身往热那亚的时刻来临时，拜伦心里却老大不高兴。每件事情对他来说都不顺利。他觉得自己又老了许多，但最后他还是坐上他的马车，摇摇晃晃地离开了比萨。

马车声和车后挂着的鹅所发出的叫声交相呼应，到达热那亚的撒陆左城堡时已近深夜，疲惫不堪的拜伦懒懒散散地搬进了他第四个——也是最后一个在意大利的住所。

热那亚的生活

拜伦在热那亚住定了以后，便写信和马雷联络。他因为听信汉特的话，以为马雷故意将汉特所编辑的杂志《自由主义者》创刊号中的序（为拜伦所写，专门攻击作家作协的文章）删除，愤而写信指责马雷，并且发誓，以后自己的所有作品要改由汉特出版而不再交给马雷。不过，拜伦仍旧没有和马雷断绝书信的往来，并且因为拜伦长期居住在意大利，已感染上意大利人的坦率作风，常常毫不隐瞒地向马雷表示他对汉特的不满。

表面上拜伦似乎很安于现状，但是根据屈罗尼所述，他的心永远转向东方……他的思潮总是向着他早期所向往的地方——希腊，也经常想到希腊的革命……

拜伦和泰莉莎的关系没有改变。不过，两个人都知道情感已经变质了。

意大利热那亚

她才二十三岁，而三十五岁的拜伦却让人觉得好像是七十岁的老人。泰莉莎大概也只好认命了吧！她试着让自己的生活配合拜伦的脚步，纵然拜伦不来找她，她也努力学习过自己的生活。

就在这个不起波浪的时刻，来了一些英国的访客，其中最令人注目的就是三十四岁成熟而自信的不列兴敦夫人。1823 年 3 月 31 日，不列兴敦一家到达热那亚定居，拜伦很快地就与他们全家人成为好友。

拜伦对希腊革命的兴趣，因布列瑰耳上尉的来访再度被提高。布列瑰耳是代表“伦敦希腊协会”（霍豪士也是会员之一）到热那亚寻求支援希腊革命的人。拜伦答应他们，如有必要，他可以在 7 月到伦敦出席会议，并为他们奔走游说。拜伦请他的经纪人为他预备船只，也委托肯内耳为他准备去希腊的一切经费。

可是，拜伦没有勇气将他的计划告诉泰莉莎，唯恐事情会变得更糟糕。在等候时机时，拜伦对自己的犹豫不决越来越生气。不过，他也知道，泰莉莎的眼泪可以融化他一切坚毅的决心。最后，他把这个苦差事交给泰莉莎的哥哥比多·甘巴去应付。可是，事情没有预料中的那样顺利，泰莉莎听到拜

不列兴敦夫人送给拜伦的阿拉伯纯种马

伦要去希腊的消息后，就好像听到自己被宣判死刑似的。

拜伦也觉得十分内疚，想对泰莉莎有所补偿。有一天，他把自己的手稿全部搬出来，放在泰莉莎面前说："……也许有一天，它们会赢得许多奖金呢！"拜伦果然料对了——后来这些作品出售的结果，所得的数额之大，简直令人难以相信！

拜伦把去希腊的事向不列兴敦夫人透露。最近，每天与不列兴敦夫人骑马出游已成为他生活的一部分，因为在高原上驰骋，能够勾起他对苏格兰童年时的无限回忆。但是不列兴敦夫人也搞不清拜伦到底为什么要去希腊，因为拜伦一会儿说是为解救希腊人的苦难，一会儿却又让她觉得是为了表现他的英雄气概。此外，他还不断地暗示，他将死在希腊。

5 月底，不列兴敦家打算离开热那亚前往那不勒斯，拜伦感到非常地难过，但也无可奈何。不列兴敦夫人送给拜伦一匹她心爱的阿拉伯纯种马，好让拜伦带去希腊乘骑，又叫别人买下拜伦的游艇"布利瓦号"。分手的时候，不列兴敦夫人眼里充满了泪水，泰莉莎、拜伦也被感染了。

拜伦要动身前往希腊的时刻越来越接近了，他向泰莉莎保证会再回来看她；可是，他倒不是为了她才这么做的。事实上，霍豪士也只是希望他到希腊为"伦敦希腊协会"收集一些资料，以及利用他个人的名声和影响力为这个协会做宣传，事成之后就可回来。

拜伦的船快要开航的前一个钟头，泰莉莎还坚持不离开热那亚，她想尽办法要留在热那亚等拜伦回来。但是最后她终于接受了父亲的建议，一起回拉维那的家。这时，甘巴一家已领到回拉维那的通行证了。

拜伦像

和拜伦一起上船的，除了屈罗尼、比多·甘巴及一个年轻的医生外，还有一位要搭船顺路回希腊的斯机里奇先生。船上除了必要的生活用品外，还有四匹拜伦的马（另外屈罗尼还有一匹），两条大狗，再加上四个或更多的仆人，一条小船里挤得几乎动弹不得。

船将要起锚前，拜伦和比多·甘巴又上岸看了一下，比多·甘巴说：

拜伦跟我提到不少他的过去，又对未来表示困惑……他对我说："在这一年之内，我们将会去哪里呢？……"等风暴大起必须立刻回船上时，拜伦又透露了不想去希腊的心意。但是他又说："如果不去的话，霍豪士和其他的人会笑我！"

拜伦已作了不能挽回的承诺——远征希腊完成他救赎希腊人苦难的计划。他，再也不能回头了！

荣誉之重

在我心中燃烧的火焰，像一个火山岛般的孤寂；它点燃不着一个火把，因为只剩下一堆废墟。

——拜　伦

重返希腊

当这艘拥挤不堪的船只漂浮在海上时，拜伦的思潮也跟着载浮载沉。在意大利的时光，虽然漫无目的，却带给他一些快乐，并完成许多成熟而感情丰富的作品。现在，他则像被浪涛卷到了希腊的海上，而这局面的形成，一方面由于他自己对意大利生活的厌倦，一方面也是由于情势和他自己的名声使然。他的弱点就是不知道如何拒绝别人。

到了希腊的海上，他的情绪才慢慢好转了。1823 年 8 月 2 日，他们的船到达开发洛尼亚却不能再继续往前行了。根据情报，希腊人自己起了内讧，不能团结一致；而土耳其的舰队已沿海包围了希腊本土；希腊本身所组成的

希　腊

舰队大部分只不过是武装的商船而已，均拥挤在东岸，不肯前进。在这样的情势下，拜伦一行只好考虑停在开发洛尼亚岛屿旁静观其变，再决定是否继续前行。

著名的诗人拜伦要到岛上来的消息，立即引起一阵骚动。拜伦不但受到英国人的仰慕（其中有很多英国军官已熟读过拜伦的诗集），岛上的希腊居民也十分兴奋地想见他一面。

没多久，拜伦已经养成每天在岛上骑马遨游的习惯。根据别人描述：

> 他每天骑着他的马，戴着一顶高高大大、上面有羽毛的帽子（也许是将羽毛插在他设计的荷马式头盔上），佩着银光闪闪的肩章……

他们到达开发洛尼亚后的第二天，岛上英国人的督察那比尔上校来见拜伦。那比尔也是一个热爱希腊、支持革命的人。他来见拜伦的原因，是要讨论如何管理岛上故居的苏利欧特军队和他们的家属。

拜伦早已风闻这些苏利欧特军人的英勇善战事迹，他们在 1822 年带着家人从南阿尔巴尼亚逃到这里来，并且参加战役，投入到反抗土耳其的阵营中。拜伦第一次到希腊时曾雇用过两名阿尔巴尼亚仆人，对他们的勇敢、忠心十分信任，这次再度见到这些苏利欧特人饱经风霜的面容，使他回忆起 1809 年在希腊的情形。他很快地提议要雇用他们做他的保镖和侍从；屈罗尼却很不以为然，他认为这些苏利欧特人只是为拜伦的金钱所吸引而来归附他。

拜伦画像

拜伦在岛上一直没有接到英国或希腊方面来的消息，对他来说，这更坚定了他继续往前的决心。即使比多·甘巴一再写信给泰莉莎提到将要返回意大利的事，然而，拜伦却懒得再和意大利的一切拉上关系。

拜伦逗留在开发洛尼亚岛上的消息，很快地传遍希腊。许多集团写信来恳求他支援，甚至有些私人机构向他争取经费支援。若不是他和那比尔上校对希腊人长期被奴役而产生的个性（欺骗贪婪以求生存）已有深刻的了解和同情，并且关心革命成功以及希腊人的生活能否有实际的改善，他可能会因为极其厌恶希腊人的作为而离开希腊。比多·甘巴也表示，拜伦在旅行希腊的初期，对土耳其人的评语要比对希腊人的好得多。

苏利欧特人的漫无规章和强行勒索，使拜伦对希腊人更加感到失望。他决定再发放他们一个月的薪水，然后让他们自由离去。他恐怕自己心软说不出口，就委托比多·甘巴替他执行这个决定。他本想继续往前，但是发觉时机并未成熟，于是便在岛上米他差踏安顿下来（1948 年时此屋尚存，但 1953 年毁于地震，希腊政府已在原地盖一新屋，屋前的街道便命名为拜伦街）。

安顿以后，拜伦才有更多的时间考虑自己该支持希腊的哪一个"爱国集团"。他特别重视那比尔上校的意见（因为那比尔和他一样，都有救赎希腊人挣脱奴役的狂热），那比尔建议他雇用希腊境内的外国佣兵（由英国人及德国人所组成），然后用像马洛克打多王子这样英明而且在希腊又有影响力的领导人。

正好在这时，外面传来消息，说马洛克打多王子已参加前往麦索隆基的一只舰队，拜伦立刻表示愿意以金钱支援该舰队的费用，并且决定动身离开希腊东部，积极投入革命的前线行列。

因为英国方面不愿介入希腊与土耳其的战争，所以舰队并没有来迎接拜伦而是直接前往麦索隆基。拜伦也不管这些，12 月 29 日一切准备妥当，扬帆到目的地去。他的情绪非常高昂，因为"海洋常带给他许多写诗的题材……"

顺着风，船在 6 时起航。比多·甘巴记述：

> 我们一起航海，天气晴朗，空气清新。我们情绪十分高昂，拜伦爵士更是如此……当送行的人听不到我们的声音时，我们互相以枪射击天空……明天，我们要在麦索隆基，明天……

麦索隆基的救星

1823年12月30日，当拜伦即将带领一些人航向希腊本土的消息传开后，全世界都为之振奋。

31日，当船在麦索隆基的海岸外航行时，突然有一艘大船在他们前面出现，他们本来以为是希腊的船，不料，船长发现是一艘土耳其的船。顿时，整艘船上的人寂静无声，“连整晚叫个不停的狗，也闭了嘴……”

船长快速地把船驶开土军的视线范围。他们就在海岸外漂浮，直到黎明。但是，天亮后，他们发现两艘土耳其的军舰还在附近停留，其中一艘更是穷追不舍，船长再度把船驶开，隐藏到北边的一个小港口内避难。马洛克打多急忙派了三艘船去援救拜伦和他那些贵重的货物，他所派出去的人，可能在1824年1月2日就找到了拜伦他们，可是由于风向的关系，他们一直到次日清晨才能在离麦索隆基附近不远的小岛边停泊。

希腊的商船

1月3日上午11点，拜伦穿上红色的军装，上岸接受麦索隆基全镇人的欢呼。希腊的商船在土耳其军舰已转向他地时，群集在麦索隆基为拜伦的来临齐声欢呼并鸣礼炮。马洛克打多王子、史丹霍上校及一大堆的外籍、希腊籍的军人，在他们为拜伦预备的寓所前，列队欢迎他。拜伦对马洛克打多王子的感觉是：他比较像一个学者，不像军队的领袖。

这位马洛克打多王子，不只是因为他的教养和出身而得到拜伦的尊敬与信任，也是因为那比尔上校等人极力向拜伦保证：他是在希腊唯一有影响力而且真正关心希腊前途、可以完全信赖的人。

背景知识

土耳其

独特的地理位置和宜人的气候条件使土耳其成为游人向往的乐园。形状各异的现代化建筑，华丽肃穆的清真寺唤礼塔，飞跃于博斯普鲁斯海峡之上的跨海大桥，《荷马史诗》中的特洛伊城遗址，世界奇景卡帕多西亚，观鸟胜地库什湖，秀美的亚洛瓦温泉……迷人的自然风光和丰富的文物古迹使土耳其享有“旅游天堂”之誉。

土耳其大陆西起巴尔干、东至高加索，全长一千英里，向北延伸至黑海，南部濒临地中海，在欧洲国土面积仅次于俄罗斯，位居第二。它的气候温和，地形复杂，从沿海平原到山区草场，从雪松林到绵延的大草原。这里是世界植物资源最丰富的地区之一。

土耳其大陆长达五千英里的海岸线点缀着数处保存完好的爱琴海和地中海海滩。巍峨的阿勒山高达17725英尺，山顶终年积雪覆盖，景色最为壮观，吸引了众多游客。此外，它还是一个河流湖泊众多的国度，底格里斯河和幼发拉底河均发源于此。

公元前7000年以前，安纳托利亚便开始有人居住，公元前1900年左右被印欧赫梯人占领，他们随后建立了一个世界强国，直到公元前1200年左右灭亡。后来弗里吉亚人和吕底亚人侵入安纳托利亚，但其东部则由当地的亚美尼亚王国统治。公元前6世纪，波斯帝国占领了这个地区，随后它又经历了希腊人的统治，公元前1世纪还经历了罗马人的统治。亚美尼亚王国一直是敌对的罗马人(后来是拜占庭人)与安息人以及后来的萨萨尼亚人之间的分界国。拜占庭人统

君士坦丁堡

治时，君士坦丁大帝把君士坦丁堡(今伊斯坦布尔)定为首都。

11世纪时，突厥游牧部落"乌古思"侵入安纳托利亚。"乌古思"部落的一支凯伊人在12世纪占领了安纳托利亚东部和中部。凯伊人奥斯曼一世建立了奥斯曼王朝。奥斯曼人在其扩张的最初阶段，曾经是土耳其人维护伊斯兰信仰、反对拜占庭帝国的主要力量。13世纪～14世纪，奥斯曼人夺取了西安纳托利亚和东南欧的拜占庭领土，使这些基督教巴尔干国家成为他们的封臣，同时征服了东安纳托利亚的土库曼公国。15世纪，奥斯曼苏丹强行对巴尔干国家实行直接统治，并征服君士坦丁堡(1453年)，将东至幼发拉底河(1468年)、西至匈牙利的领土都划归其统治范围之内。16世纪末，奥斯曼帝国处于鼎盛时期，其版图包括大多数巴尔干国家、中欧的匈牙利大部分领土和中东及北非的大部分地区。

苏莱曼一世(1494—1566)统治以后，帝国在政治、行政和财政上开始衰落。到1718年，奥地利已经把土耳其人赶出匈牙利。俄国于1783年吞并了克里米亚。19世纪，奥斯曼帝国丧失了对埃及和大多数巴尔干国家的控制。最初"米勒特"制度允许宗教信仰不同的少数民族实行地方自治，但在19世纪末，这种制度开始瓦解，导致骚乱增加，终致第一次世界大战时期亚美尼亚人遭受种族灭绝性大屠杀。1908年，青年土耳其党发动革命，企图恢复帝国，然而在巴尔干地区却继续遭受军事失败和领土丧失。第一次世界大战期间，土耳其站在德国和奥匈帝国一边。战后，土耳其丧失了其阿拉伯行省和小亚细亚部分，但是在经过残酷的内战和对希腊的战争之后，土耳其现在的疆土在1923年的洛桑会议上被确定，土耳其成为一个共和国，由凯末尔为第一任总统。奥斯曼的苏丹制和哈里发制被取消，土耳其在凯末尔的领导下开始了现代化的进程。

第二次世界大战时，土耳其一直保持中立，战后与西方结盟并接受美国的军事和经济援助。土耳其参加了北大西洋公约组织（1952年），是《巴尔干协约》的签字国（1953年），同时签署了《巴格达条约》（1955年，后改称中央条约组织），参加了欧洲经济合作组织和欧洲委员会。1959年土耳其与希腊解决了历时多年的塞浦路斯争端。土耳其第二共和国成立后，于1961年通过新宪法。1963年，土耳其成为共同市场的成员国。

个子矮小、戴着厚厚眼镜的马洛克打多王子，因为祖先曾在土耳其人统治下的希腊当过总督而得到“王子”的称号。他曾在君士坦丁堡受过教育，早年也曾专门研究过东方的语言，而且是“一个杰出的希腊学者，说写法文简直和地道的法国人一样好，此外，对英文、意大利文也颇在行”。

不管怎样，拜伦已经决定支援他（尽管拜伦不愿意属于任何一个集团），而且，也越来越觉得若要在希腊做些什么事，唯一的选择是支持马洛克打多王子。

随着马洛克打多王子来的还有希腊各省的五千多名军人，他们聚集在麦索隆基等候马洛克打多王子的作战计划。马洛克打多王子准备攻占在哥林斯湾南、北边的土军城堡。他想先攻下利潘多——土耳其在北岸唯一的坚强堡垒，这样，他们统领的五艘船及两艘纵火艇（装满炮弹可以攻进敌方引起爆炸的船），便可以顺利地攻下巴翠士和对面的墨里耳城堡。

拜　伦

拜伦对马洛克打多王子的计划十分赞同，特别是因为马洛克打多王子知道他可以负担苏利欧特人的军饷而请他负责带兵参加攻打利潘多的缘故。1824年1月13日，拜伦决定继续供应苏利欧特人的军需，这些苏利欧特人在他们的首领马可·布撒力士死后，自愿参加希腊军而聚集在麦索隆基，协助防御工作。

这些军队中有五百人左右由拜伦供养，

另外一百人则由马洛克打多王子的政府供给，但仍听命于拜伦。拜伦被镇上的爱国热潮所感动，他带兵发号施令的梦想也终于实现了。根据人们的描述：

> 他的房子常有军人进进出出，他的客厅像一个兵营，而不像一个诗人的寓所，墙上的装饰，尽是刀、剑、头盔、喇叭……他跟军官们谈话的话题不外乎如何攻击、突袭、埋伏、战役、占领……

拜伦不因为泥泞的麦索隆基小镇和为他预备的简陋小屋而失望，他只要看到军人们穿着巴尔干半岛男人穿的白而短的裙子和戴着闪闪发亮的配饰，就会怀念起他在希腊半岛的初次旅行。麦索隆基和他1809年跟霍豪士初次见到时没有多大差别。

马洛克打多王子为拜伦预备的这间房子在海峡的末端，靠近一个泥泞的湖边，在镇上算来是非常大的两层式楼房了。它的屋檐延伸出去，因此有时候，拜伦就在后院训练那些苏利欧特人。苏利欧特人和马一起住，有的住在楼下，有的住在屋外檐下。

此刻，拜伦没有时间考虑个人的舒适问题了，对他来说，第一件立刻要办的事，是如何组成一支能协助攻陷利潘多的军队。虽然他可以考虑使用外国的佣兵——由德国人、英国人、美国人、瑞士人、瑞典人所组成，但他最大的希望寄托在威廉·巴里身上，威廉·巴里目前正预备制造火箭和其他现代化的军事装备。

从墨里耳传来的消息显示，希腊的派系之争已有了结果。他们所组织的立法和执行机构，都向拜伦承认，他们已把他列为希腊（如果以后成为一个国家）的“国家恩人”，并为自己内部的不和向他表示抱歉。他们希望拜伦能为他们争取到英国方面的支援贷款，并且希望他能再资助20000英镑～30000英镑的经费，作为保障克里特岛的基金。但是，拜伦已经在麦索隆基忙得不可开交，换句话说，他的精力和金钱宁愿花在有行动的一方身上而不愿支持空谈的组织。他把这些人的事推给比多·甘巴和史丹霍去应付。

可是麦索隆基的情形并不十分理想，镇民和日渐高傲及催讨债款的军人时起冲突。幸好，巴里上校已动身前来麦索隆基，拜伦就只好期望进攻利潘多的计划能赶在镇民和军人的冲突开始前实施。

1月18日晚上，拜伦和同伴听到一声枪响，原来，当地一个镇民正在向

希腊克里特岛

人抱怨苏利欧特军人趁他外出时占据了他的家；而有个苏利欧特军人刚好从那里经过，就一枪把这个镇民打死了。

马洛克打多王子虽然立即把肇事的人交付军法审判，但镇上的气氛非常紧张。更糟糕的是土耳其的军舰又再度出现在麦索隆基的海上，而原来负有保卫责任的五艘船不知逃到哪里去了。

拜伦心里非常焦急，因为他怕镇上的动乱和希腊军舰的逃逸会使正带着军火前来的巴里上校无法登岸，或者因此遭到危险。21日清晨，土耳其军队已准备好要进攻的样子，整个麦索隆基已基本被封锁。

有人想出了一个计策，准备趁夜晚时乘一条小船去破坏土军军舰的缆索，或把它弄到岩石中间。所有的欧洲军队都志愿去完成这项任务，但拜伦却坚持自己要做首先发动攻击的人。比多·甘巴曾提到说：

> 他对这个计划如此坚决，以至于我们都觉得实在不该把这样的计划告诉这个人。我们想尽办法劝他放弃他的决定，最后，虽然我们成功了，却得来不易。他现在只想参加最危险的行动，而且憎恨任何一个想赶在他前面抢功的人。

但是，事实上，拜伦向往做这些危险的工作是另外有其原因的。他一方面想达到他早年崇拜英雄的想法；另一方面则感伤自己年华老去，不再吸引人，而渴望像他早年所崇拜的男女（他都认为是“美的化身”）一样，完美地结束自己的生命。他的这种思想深深埋在心底不愿让人了解，甚至不曾告诉他最亲近的朋友。

拜伦在三十六岁的生日时，曾借着诗来发泄他胸中的郁闷：

这颗心已到了不为外物所动的时候，
既然——他已不能使人动心，
虽然我不再被爱，
啊，还是让我能爱别人吧！
我的日子有如这片枯黄了的叶子，
爱的花朵已逝去；
虫子、尺蠖和忧伤，
是唯一留下来陪伴我的。
在我心中燃烧的火焰，
像一个火山岛般的孤寂；
它点燃不着一个火把，
因为只剩下一堆废墟。
希望、惧怕、嫉妒，
没有人与我分享，
这些爱的痛苦和爱的体验，
只有我独吞苦水！
然而——此时此刻，
这些思潮不能动摇我的灵魂；
也不能使一个英雄，
在他葬身之地皱眉。
我放眼所见的，
尽是战刀、大旗、战场，
和希腊的荣耀！
斯巴达人再英勇，
也没有这样的自由。

醒来！（我指的不是希腊，因她已醒！）
醒来！我的灵魂！
想想你的血液，
将流经前人足迹返回家乡！
你这无用的男人，
竟将这复活的热情践踏在脚下；
美人的微笑和颦眉，
不再对你有任何意义。
如果你叹息逝去的青春，
为何再活下去？
光荣而死的地方就在此——
上战场去吧，
在那里结束你的生命。
寻找——寻找一个适合你的军人之墓，
然后四周环顾，选定地点，
在那里永远安息！

1月29日，土耳其的军舰终于离去。但是，那些希腊商船再也没有回来。拜伦发觉困难越来越多。苏利欧特人固执于他们族里的阶级地位，不太肯听从别人的命令；虽然除了他以外，马洛克打多王子和麦索隆基的总督以及镇里有五千头牲畜的大亨都愿意负担一点军饷，但在麦索隆基的军队仍然全部靠他供应。况且，按苏利欧特人的规矩，拜伦除了供养五百个苏利欧特军人外，还必须要负责约一千二百人的苏利欧特人的家眷和他们的牲畜呢！

巴里上校终于来了，不过，他高昂的志气马上被浇灭了。原来，史丹霍上校和镇长根本供不起他的最新武器装备和操作这些武器的人员之薪饷。当初，他带这些武器装备和技术人员出来的时候，已经自掏腰包凑了旅费，如今实在支撑不下去了。在惊惶中，他向拜伦请求支援，拜伦欣赏他的人格，答应供给他一切的装备费用，使他放心不少。巴里上校比较坚决而且讲求实际的看法，使得拜伦对他颇为信赖，特别是在面对马洛克打多王子犹豫不决的个性已有很长的一段时间以后。

事情越来越明朗化——今后进攻利潘多所需费用及实际的领导责任，都落在拜伦身上了。根据两名从利潘多逃出来的希腊人的报道，利潘多的土耳其军队听闻拜伦在麦索隆基的整军工作，加上史丹霍在报纸上的宣传高估了他们军队的实力，早已闻风丧胆，甚至有一位土耳其的高级指挥官向希腊的间谍表示，如果拜伦出现在利潘多，他们准备象征性地抵抗一下就投降。

听到这个消息，拜伦很兴奋地催促巴里做战斗的准备。不料，巴里却很沮丧地告诉拜伦，他无法组成一支能作战的队伍——如史丹霍上校所预期的兵力那样。拜伦只好为他打气，同时鼓励有枪械的部队官兵们，并答应提供他们所需要的一切费用。

拜伦只好再三与巴里长谈。巴里也发觉，拜伦虽然表面上十分乐观，心里却已经感到十分失望：

> ……他既没有安全感，也得不到休息，更有苏利欧特人要安抚和管理……事情对他来说，似乎十分明显……他感觉被欺骗，被遗弃，甚至可以说被出卖。他为了不让人耻笑，（以为像唐·吉诃德一样地愚蠢！……）只好装作若无其事的样子，然而……他的内心深处，早已觉得自己被周围的人遗忘了……

拜伦对巴里越来越信任，甚至把支援希腊的费用全数委托巴里管理。此时，拜伦每日的花用已超过2000英镑了。

在一个偶然的机会里，比多·甘巴发现苏利欧特人的军队名单与人数不符。原来，苏利欧特人为了多得粮饷，虚报军中人数；更过分的是，他们要求上级给军官更多的粮饷。拜伦知道这事后，气得几乎都站立不住了，他立刻下令解散苏利欧特军队，他说他再也不能忍受他们的要挟了。苏利欧特人也知道自己做得太过火，马上提出许多补救的办法来，想讨拜伦的欢心，但已经太迟了！

拜伦画像

拜伦除了为这件事生气外，更气愤的是，进攻利潘多的计划因为这事必须再度延迟了。2月14日，他和巴里以及其他的人走在一起时，突然痉挛，倒在巴里身上，脸扭曲着，嘴也歪在一边，并且一直口吐白沫，牙根咬得紧紧的，眼球不停地旋转……两分钟以后才渐渐恢复神智。

比多·甘巴和医生赶到时，他已十分镇定，但是脸色苍白，身体非常虚弱。当他能开口讲话时，他马上问医生：这种病是否会致命？你告诉我实话吧！不要认为我怕死——我不怕！他们把他抬到他的床上。比多·甘巴相信，拜伦的病是愤怒加上节食所引起的。

第二天，他虽然还是很虚弱，但中午时分已经能起来走动。巴里建议他吃一点比较有营养的食物和一些刺激性的饮料（如酒），可是布诺医生却要替他放血。拜伦不愿意血管被切开，但是同意在太阳穴上放一个取血的用具。不料，当用具取下后，血却不能止住，一直到晚上11点才停止流血，拜伦昏了过去。他后来还调侃自己像小姐一样，看了血就昏倒。

第三天，他已可以起来，但是却没有出去。他因为不能去参加消灭城内土耳其军队的工作而气愤。不过，这时候他已明白，还有许多事情能做，而且也许更有效，那就是：除了积极参与争取自由的战斗外，他还可以消极地减少残酷和报复者的暴行。

对拜伦来说，人道主义的原则总是比其他任何原则重要。因此，他要求镇上的人善待土耳其被俘虏的儿童、妇女，并且照顾她们的生活所需。

自由民主的战士

2月的最后一天，拜伦已经逐渐康复了，但是，从外表看来，却好像一个完全失去希望的人。有一天，有人建议他完全改变目前的生活方式，以便恢复他的体力。但拜伦却说："你以为我还追求长寿？我对这世界已经腻了！我希望离开这世界的时间快点到来……我只怕两件事：一是，慢慢死在病床上；二是，像瘫痪了一样整天躺在床上。而我最感失望的是，我对苏利欧特人那么好，他们却还欺骗我。"

2月21日，史丹霍上校曾出发到雅典去宣传革命运动，想利用他的报纸劝希腊人团结起来并支持他们在麦索隆基的组织。攻击利潘多的希望破灭后，拜伦也考虑要离开希腊。每当他被苏利欧特人气得扬言立刻回英国时，镇上的人和军队就一直抱怨苏利欧特人的不对。

拜伦一直担心上次发生的病况会再度袭击他，因而感到忧郁。但是，他总不肯承认自己的失败，也不愿向英国方面的朋友透露实际的情况。在这以前，他有点高兴、却也有点尴尬地从霍豪士和肯内耳那里知道，他在希腊的作为已使他成为一个英雄；不过，他在希腊的每件事情，似乎都证实他留在希腊可能是个错误的决定。

图为陈列在英国诺丁汉古堡内的拜伦塑像

拜伦偶尔也会向周围比较亲近的人陈述他的失望。史丹霍上校后来告诉霍豪士：

> 拜伦偶尔也会为他来到希腊感到难过……不过，大部分时候，他又说他很高兴，幸好他来希腊，而且很热衷地谈到他来的目的。他说他到麦索隆基来，只一个月的努力，就比和摩尔在伦敦时那种只是吃吃、喝喝、谈谈的无聊的时光要好得多了。

把苏利欧特人的军队解散后，拜伦仅留下五十六个人当他的保镖。天气好的时候，他会穿戴着整齐的军装，带他们到城外去操练操练。他为了提高外籍军官的士气，又编入一些希腊人到巴里那支有枪械的队伍中，但是效果却适得其反，因为外籍军与希腊军壁垒分明，互不相让。更令他失望的是，利潘多的土耳其军队本来已经和拜伦谈妥，如果给他们 40000 英镑，那么当拜伦带兵来攻时便弃械投降，并且最近又自动降价为 25000 英镑；可是苏利欧特军人却连这么简单的仗也不想去打！

2 月底，乔治·芬力带来另一个希腊将领的提议——邀请拜伦和马洛克打多王子到沙龙那去参加一次讨论希腊革命军团结的大会。因为屈罗尼曾与这位将领一起工作过，拜伦很相信这位将领优利西斯的诚意。虽然马洛克打多王子对这个提议有点疑惑，不过最后仍决定接受这项提议，和拜伦一同前往沙龙那。

3 月的时候，拜伦的健康状况越来越坏，但他仍旧出外骑马。他经常会感觉头晕，而且有痉挛的现象。不过，英国方面不断地来信使他感到安慰，只有一封摩尔的来信使他不安。摩尔在信上说，他听人谣传，拜伦在希腊并没有追求英雄事迹和参与战役，却是在他那舒适的别墅里，专心写《唐璜》。

拜伦现在仅靠一点点的精力和神智而活着，他的脾气更坏了，连温和的马洛克打多王子也常会使他发怒，特别是因为在希腊有迈向统一的希望时，马洛克打多王子对别的将领所表现的不信任态度，使得拜伦竭力想摆脱和他的关系。除了公务外，他不再去马洛克打多王子家拜访。

希腊墨里耳的革命军听说拜伦有和优利西斯联合的意图，便以“全希腊总督”（除了墨里耳这块地方）这个名称来引诱拜伦归向他们。他们的企图：一、可能是事先知道英国方面支援希腊的庞大经费将归拜伦管理；二、要夺取马洛克打多王子在北希腊的势力。拜伦的回答是：先到沙龙那去开会，再决定是否接受这项提议。

筹措到这笔资金，给予拜伦极大的鼓励。他明白，希腊的内乱仍然是阻止革命成功的主要因素，所以必须先除去病根。但他和芬力一样，对希腊百姓的个性比对他们的领导者要有信心多了。

他对以什么方式来组成希腊政府，也有他个人的看法。他觉得，瑞士或美国式的组织系统可能很适合，他表示：“希腊境内的每个人所具有的各种不同的兴趣和不同的希望，使我觉得只要有像联邦政府那样的行政机构便能适合。”

希腊沿海风光

可是，他也不愿勉强将这种政体强加在希腊上，而想让他们自己努力去达成，因为，“没有一个政府的形式，我们可以说它是十全十美的！”

连绵不断的春雨使麦索隆基的道路寸步难行，拜伦和巴里上校谈到自己未来的计划和希望，不过，这些希望很快就破灭了。那些被解散的苏利欧特人又回到镇上来了，拜伦因为马洛克打多王子的请求，又不得不再以每日50000英镑来供应这些苏利欧特人的需要。

3月27日，本来是他们预定去沙龙那开会的日子，但是雨仍然下着，路不能走，河道也不通航。在这时候，当地的望族呈献一份文件，要颁给拜伦“荣誉市民”的资格。这个仪式，说穿了，不过是要更多的钱罢了！此时，拜伦的失望，不是可以用言语描述的。然而，到希腊来是他自己的决定，他也早下定破釜沉舟的决心，要用尽他的精力来为希腊效力。因此，他们的要求又得逞了。

拜伦依旧把喜讯报到英国去，而隐瞒了一切坏消息。他就是不肯让朋友知道他在麦索隆基的大失败。然而，在他周围的人都知道，他对事情的真相和自己的失败极为了解。

连续不断的阴雨天气以及日渐增加的不愉快事件，使得拜伦的口袋和脑袋越来越空虚。希腊人善变的个性和外籍兵团的争吵，使他的健康状况更差，他经常惧怕旧病复发。这种种的烦恼之事，都使他的精神遭受到严重的

希腊风景

打击，也使他失去了往日的幽默感。

4月开始了，巴里注意到拜伦的焦躁不安。最令拜伦沮丧的消息是，团结希腊革命军各派系的希望已破灭，正如同拜伦早先想统领苏利欧特人进攻利潘多的计划破灭一样。拜伦的眼眶湿润了，他承认自己的看法已经错误，决定放弃一切引导希腊的希望……然后，他开始担心是否应该向英国的朋友要求负责处理贷款的责任，因为，他害怕这笔款项会被他人挪用，甚至纳入别人的私囊。

幸好拜伦从写作中得到一点解脱。他对一直带在身边的男孩陆可士的爱没有得到陆可士的回报，可能是促使他写这最后一首诗的动机。

下面是写给陆可士·夏兰的诗：

当敌人向我们攻击时，
我注视着你，
当安全已全然无望时，
就如同与心爱的人分手。
在汹涌的浪潮中，
我注视着你，
当岩石迎接我们的船首，
请你倚靠我渡过每次的风浪。
当高热使你的眼光呆滞时，
请躺卧在我的卧榻上；
看累了世界时，不要再起身，
把这里当作你的安眠之地。
地震来了，墙壁摇晃；
人与大地如酒醉一般，
在摇摇欲坠的厅堂里我寻找谁？
你！为了庇护你的安全。
当创痛几乎要扼杀我的气息，
使神智失去控制时，
向着你，向着你！
即使在死之边缘，
我的灵魂也向着你！

这一切的一切，
你仍不能动心！
而且永不动心！
我也不能怪你，
只能认命又——
强烈地、错误地、无望地爱你。

在这些压力下，他又听到土耳其军在附近驻扎的谣言。接着，军中又因争执而引起一场不小的内乱。拜伦的精力已干枯，如同沙漏已流光一样。在他周围的人也注意到他最后几个星期的不稳定状况。

4月9日，星期五，英国来的信给了他不少安慰。他的姐姐奥古斯塔给他的信为他带来快乐，也带来忧愁。看完信，他眼眶红润地从房间里抱着一张女儿的画像走了出来。幸而，霍豪士的信，给了他极大的安慰和鼓励：

你所做的事情，远超过任何人的成就——英国的每个人都非常高兴和满意——至于我，我相信你所做的一切牺牲，必会对日后希腊的革命成功有极大的贡献——这是做一件生命中最有意义的事——我相信这会使你的名声远超过这个时代的任何人！

艾菲索斯：最大的希腊罗马古城

但是，根据比多·甘巴的描述，在接信后的第八天，拜伦的健康又变坏了，但他仍然尝试着在雨中骑马。

有一天，比多·甘巴和拜伦一起出去时，正逢一阵大雨。回来后的两个钟头，拜伦一直在发抖，而且抱怨发高烧和关节疼痛。晚上8点，比多·甘巴再去他房间，看他躺在沙发上，甘巴感到非常不安。他对比多·甘巴说："我受了太多的苦，我不怕死；但是这些痛苦我实在不能忍受！"

第二天，拜伦又去骑马了，而且比平常更早。但是，那天晚上，当乔治·芬力准备动身去雅典而和众人同来看他时，他们发现他躺在沙发上已不能动弹。他好久不说一句话，然后对众人说：“我今天骑马时，一直在想一件事，那就是——小的时候，苏格兰的一位著名命相家告诉我，要我小心三十七岁这一关。”

他说这话的时候，十分激动，众人都知道，这种预言大概对他影响很大。于是他们对他说：“那不过是迷信而已！”可是他却说：“说真的，我在这世界上觉得很不容易分辨，到底要相信谁，还是不相信谁。”

因为上次放血的失败，拜伦整晚忍着疼痛不愿找医生来看他。第二天布诺医生再度建议放血，又遭到拜伦拒绝，于是布诺医生只好给他一些止痛药。

4 月 11 日，即拜伦躺在病床上的第二天，巴里上校来看他，因看他病势严重，拒绝带他上船到别处去。

14 日中午，拜伦起床，仍旧十分虚弱，却坚持要去骑马。最后，他终于被说服，又躺回床上，没有再起来。他被谢绝会客，只有布诺医生、米力根医生、比多·甘巴、仆人提多及费利契以及巴里上校可以探视。有时医生会以拜伦睡着了不准进去吵他为借口阻止巴里看望他。巴里知道，这和他曾经劝拜伦不要放血有关。

两位医生极力劝拜伦放血，甚至哭泣着苦苦哀求，但仍无法劝服他。巴里发觉，拜伦的屋子里一片慌乱，忠心的仆人费利契也似瞎猫般乱了方寸，不知如何是好。巴里很为拜伦的处境感到同情，而他也是拜伦在此时此刻唯一能信任又能给予安慰的人。拜伦要巴里在他旁边坐下，又和巴里谈到他的家庭和他到希腊来的目的。大概只有跟巴里在一起时，拜伦才提到他一直避免谈的话题——宗教。米力根医生听到他小声地对巴里说：“我能否要求上帝的赦罪?”然后停了好一会儿，他又说：“唉，算了，算了！我必须坚强到底，到最后一分钟也要完全靠自己！”

两位医生一再地劝拜伦放血，都遭到拒绝。最后他们威胁他——如果不放血，疾病将使他的脑部烧坏而失去理智。此时他才愤怒地伸出他的手臂，瞪大眼睛对着他们说：“来吧！我看你们两个不过是屠夫而已。拿了你们要的血，然后滚吧！”于是他们为他抽了一磅的血，可是发现病情毫无转机。

两个钟头以后，他们又为他抽了一磅，这次血更稀了。拜伦沉沉睡去，不是病况已经好转，而是因为没有精力了。

16 日，当巴里来看拜伦时，他已神志不清地胡言乱语。一会儿说意大利语，一会儿说英语。巴里请求医生们不要再放血了，他们答应了。但是巴里一走，没有人替拜伦说话，仆人也只相信医生的诊断，于是，医生们又为拜伦放血。

很奇怪的是，拜伦居然能熬过每次的折磨，医生们又连续替他放了数次血。17日，医生们觉得需要考虑其他治疗的方法，于是请来两位名医。其中一位曾是巴夏的御医，因为他们答应保密，拜伦才准他们来看他。他们看了拜伦的病情，正在那里商议的时候，拜伦却已进入休克状态了。他们给他一些药水和酒止痛，又用药膏擦在他的大腿内侧。

18日清晨，当巴里再来看他时，他的病况已十分严重。那天正好是希腊人的复活节，照例希腊人要射击庆祝。巴里说服马洛克打多王子要他把军队的游行行列带到镇外去，以吸引镇民跟随着到镇外面去庆祝。镇上的看守人也逐户通知民众，说他们的恩人病况严重，要他们保持安静。因此拜伦终于在生命的最后时光里，享受到片刻的安静。

布诺医生见大家没有主张，又从拜伦身上取了两磅血。这时病人似乎安静了许久。比多·甘巴拿出一些信来读，拜伦坚持要自己过目。其中一封信使他非常高兴，那是通知马洛克打多王子，英国方面的贷款已拨出，并且委任拜伦全权负责。拜伦知道，他的名字和已有的名声是促成此事成功的主要因素。

此后，拜伦又昏迷不醒了。过了一段时间，或许是听到仆人的哭泣声，拜伦从昏迷中醒过来，他觉察到已是中午时候，而且他的病已经无药可救了。他对米力根医生说：

“你想挽回我性命的努力是徒劳无用了。我是死定了！我自己也知道，但我并不后悔。因为，为了要结束我枯燥无味的人生，我才来希腊。我的财富，我的能力，一切为了希腊。现在我已捐出我的生命了。我只请求你替我做一件事：不要让我的尸体被晒干或运回英国。让我的骨头在这里发霉，把我的尸体放在没有夸张和没有无稽之谈的地方吧！”

希腊卫城周边

米力根医生和费利契、提多等围绕在拜伦的病床旁边。米力根和费利契忍不住哭了起来，就自动退出房去。而提多因为拜伦的手紧握住他，无法动弹，但是，他也不忍心看拜伦的脸。

拜伦又失去神智，胡乱地叫喊了一阵。

当巴里再来看拜伦时，一切都显得纷乱无章。他要拜伦吃一点医生配的药，但他发觉病人的手已冰冷，于是和提多把它弄暖，又把拜伦头上包扎的绷带解开来，拜伦痛得大叫。可是，绷带取下后，他却如释重负，眼睛充满了泪水。

巴里对他说："眼泪尽量流吧！我感谢上帝，你已经好多了。你睡吧，休息吧！"拜伦也回答说："是的，我已不再疼痛，我要睡一会儿。"然后他握住巴里的手，跟他道声晚安，就睡了。巴里以为拜伦已死了，不会再醒过来了。

但是，不一会儿，拜伦又醒过来了。就这样，有时清醒，有时昏迷地向周围的人说话。

比多·甘巴听到他说："可怜的希腊！可怜的镇！我可怜的仆人！"还有，"为什么我不早点知道这情形？""我的时候到了——我不怕死——为什么我不先回英国一趟再来？"

另外他又说："世界上有些人值得我为他们活下去，至于其他，我宁愿死去！"

拜伦知道医生已经束手无策，却不为此生气，或许他看到了费利契的眼泪，因而十分难过地对他说："我很抱歉没有在遗嘱里为你做什么，但是霍豪士是我的朋友，他一定能照顾你！"他也立刻想到提多和陆可士，并且要给他们遗产，但是，费利契要他先关心重要的事情。

他梦呓般地对费利契说他最后的遗言：

"啊！我可怜而可爱的女儿！我的上帝！我真希望能再见她一面！请给她我的祝福，也给我的姐姐和她小孩祝福……请你也去找拜伦夫人……告诉她一切……你一直是她的朋友。"

他的声音越来越微弱了，有的时候，几乎不知道在说什么，有时又用尽力气对费利契说："费利契！如果你不执行我交代你的一切，如果可能，我会从阴间回来找你！"

从这时候开始，他说话已经不清楚了。他企图要再交代费利契一些话，可是，费利契一句也听不懂。

晚上6点左右，他离开他的床，然后又回去躺下来说："这些可恶的医生，把我的血吸干，使我站都站不稳！”他却不知道，这是他最后一次离开自己的床了！

最后，费利契听到他说：“我现在要睡了！”然后他转过身，闭上眼睛。

这个时候，英国又寄来了霍豪士和肯内耳的信，霍豪士写道：

> 你筹款的事，肯内耳以后会告诉你，进行得十分顺利。你将会有——真的，不骗你！——一大笔财富。如果你还健康，我想你在这世界上想要的都有了！你目前的努力是人类历史上空前绝后的，好多人都羡慕你……

然而，拜伦不再需要别人的羡慕了。在后来的二十四小时内，他一动也不动，提多和费利契一直守候在床边。

1824 年 4 月 19 日，拜伦去世。

希腊的独立政府宣布拜伦之死为国葬，全国哀悼三天。

举行殡礼时，希腊士兵列队肃立街头，一队牧师跟着灵柩高唱赞歌。灵柩上置宝剑一柄，盔甲一套，桂冠一顶。诗人生前的坐骑也跟在其后。

拜伦诗选

6 月 29 日，灵柩运抵伦敦。英国政府和教会拒绝把拜伦的遗骨安葬于威斯敏斯特教堂（英国知名人士国葬地点）。7 月 12 日，举行葬礼，16 日，安葬于纽斯德附近的赫克诺尔。墓碑上的铭文是按照拜伦异母姐姐奥古斯塔的意见起草的，铭文说：“他在 1824 年 4 月 19 日死于希腊西部的麦索隆基，当时他正在英勇奋斗，企图为希腊夺回她往日的自由和光荣。”

《唐璜》第 15 章～16 章和诗剧《天与地》均于是年出版。

拜伦年表

1788年，1月22日，生于英国一个破落的贵族家庭。母亲把外祖父的名字冠给拜伦，取名乔治·戈登。

1790年9月，拜伦的父亲最后一次见到拜伦母子，从此以后，拜伦再也没有同父亲见过面。

1794年，童年初恋，对象是一个叫玛丽·德芙的漂亮表妹。

1798年，十岁，5月拜伦五世去世；8月拜伦继承男爵爵位。之后，母亲带他去苏格兰居住。

1801年拜伦去哈洛学校念书。

1802年，与母亲搬回纽斯德，和看守庄园的人住在一起。此时，拜伦暗恋堂姐玛丽·嘉渥小姐。

1804年，十六岁，与母亲关系疏远与同父异母姐姐奥古斯塔成为知心朋友。

1805年，十七岁，进入剑桥大学三一学院读书。暑假回到南井母亲身边。

11月，私人投资出版诗集《流浪者之歌》。

1807年1月，诗集《生活杂感》出版。6月，回到剑桥大学继续读书。

1808年6月，离开伦敦，去不来登享受海边风光。

7月，回到剑桥接受硕士学位。

9月，回到纽斯德庄园。其间，与女仆有染，生下一个孩子。

1809年2月，出版讽刺诗集《英国诗人和苏格兰的评论家》。之后，在国会争取到议员一席。

6月19日，与霍豪士带着仆人向维法尔茅斯进发，开始东方之旅。

8月，到马耳他，结识美丽的贵妇康丝坦·史班赛·史密斯。

11月抵达麦索隆基。

1810 年 12 月 22 日，生日那天到达希腊的帕特农神庙，看到海边神庙的伟大景观。

1811 年 5 月，到达君士坦丁堡。

7 月，再度回到雅典。同月，回到英国。

8 月，母亲病逝。

1812 年 3 月，著名长诗《哈洛王孙游记》在伦敦出版，拜伦一夜成名。同年，结识伦敦社交圈的名女人卡洛琳·兰姆，与其产生恋情。

7 月，向卡洛琳的表妹安娜贝拉·密尔使克求婚，遭拒绝。

1813 年 12 月，与同父异母姐姐奥古斯塔同居，并一起前往纽斯德居住。之后奥古斯塔产下一个女儿，名为末朵拉。

1814 年 12 月，与安娜贝拉正式结婚，25 日举行婚礼。

1815 年 12 月，安娜贝拉生下一个女孩。

1816 年 1 月，安娜贝拉带着孩子，离开了拜伦。

3 月，结识崇拜他的女孩克莱·克莉爱。

4 月，动身前往英国东南部海港城市多佛。

6 月，到达日内瓦。在日内瓦湖畔结识雪莱，英国文学史上的两大诗人从此成为至交好友。

11 月，到达意大利的威尼斯。

1817 年 4 月底，到了罗马。

5 月底，再次回到威尼斯。不久，结识面包师的女人玛格利特·康妮，成为情人。

12 月，卖掉纽斯德庄园。

1818 年 2 月，染上威尼斯社交圈恶疾——淋病。

7 月，完成《唐璜》第一篇。之后，在宴会上结识泰莉莎·古西又里伯爵夫人，成为情人。

1820 年 12 月将《唐璜》的另一部分手稿寄回英国。

1821 年 10 月底带着家人到达意大利的比萨。比萨形成了以拜伦、雪莱为中心的文艺圈子。

1822 年 4 月中旬，女儿爱莉加病死。拜伦十分悲痛。

7 月中旬，雪莱驾船出海出现意外死亡。拜伦及其好友为雪莱送葬。

1823 年 8 月初，会同朋友和亲随到达希腊的开发洛尼亚。

12 月底，前往麦索隆基。

1824年1月，帮助马洛克打多王子组织军队，准备对土耳其军队作战。拜伦负责部分军队的供应并成为指挥官。

2月中旬，突然痉挛、昏到。

4月中旬，医生为拜伦治疗并多次放血，病情未见好转。

4月19日晚6点，病逝在希腊麦索隆基。年仅36岁。